Louis Haenny

Schriftsteller und Buchhändler im alten Rom

Louis Haenny

Schriftsteller und Buchhändler im alten Rom

ISBN/EAN: 9783743324350

Hergestellt in Europa, USA, Kanada, Australien, Japan

Cover: Foto ©ninafisch / pixelio.de

Louis Haenny

Schriftsteller und Buchhändler im alten Rom

Schriftsteller und Buchhändler

im alten Rom.

Von

Dr. Louis Haenny,

Gymnasiallehrer in Rolle.

Zweite Auflage.

Leipzig
Verlag von Gustav Fock
1885.

Vorwort.

Vorliegende Arbeit ist im Juli 1884 der philosophischen Facultät der Universität Zürich als Inauguraldissertation behufs Erlangung der Doctorwürde vorgelegt worden. Der rasche Absatz der in den Buchhandel gekommenen Exemplare, sowie der Umstand, dass weitere Bestellungen unerledigt bleiben mussten, haben diese zweite Auflage nöthig gemacht. Weil die Sache Eile hatte, sind keine eigentlichen Veränderungen vorgenommen worden, wohl aber wurde das ganze Büchlein einer genauen Durchsicht unterzogen.

Rolle, Vaud. im Juli 1885.

L. H.

I. Der Schriftsteller[1]).

„Als ich im Tusculanum war", erzählt uns einmal[2]) Cicero, „und aus der Bibliothek des jungen Lucullus einige Bücher benützen wollte, begab ich mich auf dessen Landgut, um dieselben, wie ich gewohnt war, selbst hervorzunehmen. Als ich dahin gekommen war, sah ich den M. Cato, den ich nicht anzutreffen glaubte, in der Bibliothek sitzen. Er war mitten unter einem Haufen stoischer Schriften. Es lag nämlich in ihm ein Bedürfniss nach Lektüre, welches kaum zu befriedigen war. Ja, er pflegt selbst in der Curie, öfter zu lesen, ohne desshalb seine amtlichen Pflichten zu vernachlässigen. Damals nun, in höchster Musse und bei diesem Ueberfluss schien er gleichsam in den Büchern zu schwelgen (helluari). Plötzlich wurde er mich gewahr, sprang auf und frug mich: „was thust du hier? Warum suchst du hier Bücher, während du selbst doch so viele hast?" Ich antwortete: „Ich bin gekommen, um einige aristotelische Schriften zu holen, die ich hier wusste. Ich will sie lesen, wenn ich Zeit und Musse habe, was freilich nicht oft vorkommt."

Diese Erzählung führt uns zwei Römer vor, beide Staatsmänner und Freunde der Litteratur, beide Schriftsteller. Sie helfen das Staatsschiff lenken: das ist ihr Beruf. Ihre Musse widmen sie den Musen.

Cicero, wenn er sich zeitweise vom öffentlichen Leben zurückzog, bestrebte sich, seinen Mitbürgern auf andrem

---

[1]) Litteratur. Im Allgemeinen sind zu vergleichen: Schöttgen, de librariis et bibliopolis Leipzig 1710 (in Poleni suppl. Thes. antiquit. Rom. Gr. T. III). Morelli, dello scrivere degli antichi Romani Milano 1522. Gérand, essai sur les livres dans l'antiquité et particulièrement chez les Romains. Paris 1840. Egger, histoire du livre depuis ses origines jusqu'à nos jours. Friedländer, Darstellungen aus der Sittengeschichte (III. Bd.). A. Schmidt, Geschichte der Denk- und Glaubensfreiheit (in den betr. Abschnitten). Th. Birt, das antike Buchwesen. Berlin 1882. Specialnachweise p. 22 und 45 f.

[2]) de fin. III, 7 sqq.

Wege nützlich zu sein. Er greift zur Feder [1]. Schon dieses Bekenntniss lehrt uns eine wichtige Thatsache: Schriftstellerei ist kein Beruf. Sie dient nur zur Ausfüllung der Mussezeit.

Seine Kräfte dem Staate widmen, ihm als Bürger dienen, das ist der Beruf des Römers. Die Erfüllung dieser Pflicht war der Inhalt seines Lebens:

Mit der Einrichtung der Monarchie hat Rom sich in seinem Innersten umgewandelt. Auf dem Boden der Litteratur insbesondere ging eine vollständige Umwälzung vor sich. Wo früher keine eigentlichen berufsmässigen Schriftsteller gewesen waren, sondern nur Republikaner, welche ihre Mussestunden litterarischen Beschäftigungen widmeten, da finden wir schon unter den ersten Kaisern ein Heer von Skribenten und Poeten, welche den Büchermarkt überschwemmen und das Publikum in Verzweiflung setzen [2]. Der echte Römer verachtete jene berufsmässigen Schriftsteller. Er huldigte zu allen Zeiten der Anschauung, dass Schriftstellerei ein otium sei.

Wie der Autor dazu kommt, zu schriftstellern, ist eine Frage, die wir hier nicht zu beantworten brauchen. Die Antwort würde auch in den meisten Fällen kein wesentliches Licht auf unseren Gegenstand werfen. Bemerkenswerth sind immerhin z. B. die volkserzieherischen Bestrebungen eines Cicero. Er schreibt über Religion, Moral, Philosophie, Rhetorik, weil er seinen Mitbürgern Nutzen bringen will. „Was kann man dem Staate für einen besseren Dienst erweisen, was vermögen wir besseres zu thun, als die Jugend zu unterrichten und zu erziehen" [3]. Diese Erwägung bewegt ihn, die Rede de domo sua zu ediren. „Ich kann sie der Jugend nicht vorenthalten", schreibt er an seinen Freund Atticus [4].

Anders denkt man bereits unter Augustus. Dem Dichter ist der Gedanke, dass seine Gedichte zur Bildung der Jugend dienen, mit dem Schüler in die Schule wandern sollen, ein Greuel. Weissagt doch Horaz seinem in die Oeffentlichkeit tretenden ersten Buche von Episteln:

---

[1] ut si occupati profuimus aliquid civibus nostris, proximus etiam, si possumus otiosi. Tusc. I, 5.

[2] cf. Plin. ep. 1, 13.   [3] de divin. II, 4.

[4] ad Att. IV, 2, 2: Itaque oratio juventuti nostrae deberi non potest; cf. ib. II, 1, 3.

hoc quoque te manet ut pueros elementa docentem
Occupet extremis in vicis balba senectus [1])

Vor dieser Popularität fürchtet er sich.

An tua demens
Vilibus in ludis dictari carmina malis?
Non ego [2]).

Martial aspirirt offenbar auch nicht auf die Ehre, Schulautor
zu werden. Er gesteht es selber ein [3]). Er dichtet, um das
Publikum zu amüsiren; aus dem gleichen Grunde, sagt er,
versuche er sich nicht in ernsten Gattungen:

Seria cum possim quod delectantia malo
Scribere tu causa es, lector amice, mihi [4]).

Der Autor schreibt auch auf Wunsch oder auf Bestellung
des Verlegers [5]. Bisweilen freilich weigert er sich, der
Aufforderung Folge zu leisten [6]).

Sagen uns die Autoren kaum, warum sie schriftstellern,
so hören wir fast nie von ihnen, wie sie arbeiten. Wir
gehen nun dazu über, die einzelnen Momente und Stadien
der Schriftstellerei darzulegen.

Horaz erzählt uns [7]), Lucilius habe oft in einer Stunde
200 Verse diktirt — „stans pede in uno", fügt er hinzu.
Diese Leistung will uns als ein tour de force erscheinen.
Aber auch cum grano salis verstanden, enthält diese Nachricht ein Zeugniss der Leichtigkeit, mit welcher Lucil
arbeitete. Er konnte die Verse nur aus dem Aermel schütteln.
Von einer Correktur oder nur Revision des Niederge-
schriebenen keine Rede. Er war eben geschwätzig und zu
faul, um regelrecht zu schreiben:

Garrulus atque piger scribendi ferre laborem,
Recte scribendi [8]).

Horaz mag hier in Sachen des Lucil etwas persönlich werden.
Das ist sicher, dass der nicht minder begabte Ovid diese

[1]) ep I, 20, 17 sq., cf. II, 1, 71.
[2]) sat. I, 10, 74 sq.
[3]) epigr. I, 35; III, 69 etc.
[4]) V, 16.
[5]) Cic. ad Att. II, 4, 3; IV, 6, 3.
[6]) ib XIV, 14, 5.
[7]) sat. I, 4, 9 sqq.
[8]) ib. v. 12.

Nachlässigkeit nicht kannte, dass Martial seine Gedichte mit seinen Freunden durchzunehmen pflegte.

Wer recte scribere will [1]), macht zuerst einen Entwurf. Er schreibt ihn auf Wachstafeln mit dem Stilus, ebenso dienten Papyrus und Palimpseste [2]) zu Entwürfen. Auf solchem Material sind Correkturen leicht anzubringen:

Saepe stilum vertas, iterum quae digna legi sint
Scripturus Hor. sat. I, 10, 72).

Tabulae finden wir ebenso ib. I, 4, 15 erwähnt. Von Papyrus dagegen redet der Dichter: ep. II, 1, 112.

Et prius orto
Sole vigil calamum et chartas et scrinia posco [3]).

Von den Wachstafeln oder schedae [4]) wird das Werk auf Pergament oder auf eine Rolle abgeschrieben [5]):

---

[1]) Im allgemeinen darüber zu vgl. Quint. J. O. X, 3: quomodo scribendum. 4: quomodo emendandum.

[2]) cf. Schütz zu Hor. sat. II, 3, 2. Für diesen Gebrauch von Palimpsesten spricht besonders Cat. 22. — Gleichwohl behaupten wir, dass es sich Hor. sat. II, 3, 2 um eine Reinschrift handelt; das erste Brouillon machte man sicher selten auf neuem Pergament. Auch wäre es doch eine starke Zumuthung, wenn der Dichter, so oft er etwas schreiben wollte, das Material hätte verlangen müssen. Diese Bedenken fallen weg, wenn membrana eine Copie bezeichnet. Zur Abschrift braucht der Dichter frisches Pergament; das verlangt er von seinem librarius oder von einem tabernarius. — Auch ist die von Schütz angerufene Gleichzeitigkeit zwischen poscas et retexens zweifelhafter Art. Nach seiner Erklärung: „du nimmst Pergament und dann streichst du immerwieder . . ." könnte man statt des part. praes. retexens ein part. futur. verlangen mit dem gleichen Rechte, als er die Praeteritumbedeutung desselben part. leugnet. Wir behalten, auch gegen Birt. ant. Buchw., p. 59, die „gewöhnliche" Erklärung des Wortes membrana: „du schreibst so selten, dass du im ganzen Jahre nicht viermal Pergament verlangst, indem du (auf deinem Entwurf) jedes Wort wieder ausstreichest." Ebenso sind nach unserer Ansicht die membranae Hor. ep. II, 3, 389 als eine erste Reinschrift zu betrachten.

[3]) cf Suet. de poet. Rffsch. p. 63.

[4]) Bemerkenswerth ist die Notiz Suet. de rhet. 135, 14 Rffsch.: scheda est, quod adhuc emendatur et necdum in libros redactum est: Dies ist natürlich nicht so zu verstehen, als ob das Geschriebene nur so lang corrigirt worden wäre, als es noch nicht auf Rollen eingetragen war.

[5]) Hor. sat. II, 3, 1. cf. Cic. ad Att. XIII, 24, welche Stelle Birt

Sic raro scribis ut toto non quater anno
Membranam poscas, scriptorum quaeque retexens.

Aus einzelnen Stücken setzt sich das Ganze zusammen.
Diese erste Abschrift bildet das Handexemplar des Autors.
Jetzt erst beginnt eigentlich die kritische Behandlung des
Werkes. Der Verfasser selbst feilt und heilt oft mit rühren-
der Sorglichkeit.

Nonum prematur in annum
Membranis intus positis: delere licebit
Quod non edideris, nescit vox missa reverti.

Dies hatte Horaz[1]) dem Dichter zugerufen.

Charakteristisch ist die Sorgfalt, die ein Cicero auf
diesen Theil seiner Arbeit verwendet. Während Martial
sich beeilte, Buch auf Buch zu publiciren[2]), ist Cicero oft
ganze Monate damit beschäftigt, an einer Schrift zu poliren.
Er schickt nie ein Buch an Atticus, ohne dasselbe vorher
sorgfältig gefeilt zu haben[3]). Hand in Hand mit dieser
Selbstprüfung des Verfassers geht die Kritik der Freunde,
welchen er sein Werk vorlegt. Besonders anschaulich tritt
uns dieser Punkt in dem Briefwechsel zwischen Cicero und
Atticus entgegen.

Atticus ist Cicero's Verleger geworden. Man hat daher
geglaubt, von einem berathenden Verhältniss des Cicero
zu seinem Verleger, allgemein zwischen Autor und Editor,
sprechen zu dürfen. Allein Atticus war in erster Linie der
Freund. Mit dem Freunde berieth sich der Autor. Aus ihrer
Correspondenz lassen sich für diese Frage keine Schlüsse
von unmittelbarer Gültigkeit ziehen; vielmehr hat eine ent-
sprechende Benutzung anderer litterarischer Quellen die
nöthigen Anhaltspunkte zu liefern, um die Sonderung des
speciell- und allgemeingültigen zu vollziehen.

---

p 349 hierher zieht. Wir glauben unter jenen διφθέραι sind die
Membranumhüllungen der 4 Bücher de academicis zu verstehen,
welche Atticus an Varro übergeben sollte. Brief 44, 2 dess. B.
   [1]) ep. II, 3, 595 sqq.
   [2]) cf Mart. epigr. I, 3.
   [3]) ad Att. XVI, 11, 3: Librum quem rogas perpoliam et mittam.
XIV, 17, 6: Librum meum illum ἀνέκδοτον nondum ut volui perpo-
livi IV, 13, 2: diu multumque fuerunt in manibus (libri), describas
hos. II, 1, 1: quem ,sc. commentarium) tibi ego non essem ausus
mittere, nisi eum lente ac fastidiose probavissem.

Wir betrachten das Verhältniss zwischen Cicero und Atticus näher. Scheinbar gehört diese Betrachtung in einen späteren Abschnitt. Doch das Resultat, zu dem wir gelangen, bewegt uns, dieselbe hier gleich einzureihen.

Dank den zahlreichen Daten, welche uns die Correspondenz an die Hand giebt, können wir etwas früher ausholen.

Der Autor theilt seinem Freunde und Verleger mit, woran er arbeitet[1]). Einmal möchte er nach Art des Aristoteles und Theopomp einen συμβουλευτικός an Caesar verfassen. Es fällt ihm aber nichts ein. Er schreibt darum an seinen Freund[2]): ecquid tu ejusmodi reperis? Mihi quidem nihil in mentem venit.

Oefters sehen wir ihn sich bei Atticus Raths erholen, sei es über formelles, sei es über sachliches, so z. B. über historische Details für das Schriftchen de luctu[3]). Ist die betreffende Schrift entworfen, so schickt sie Cicero an seinen Freund. Was er von ihm verlangt, ist zunächst keineswegs die Edition; sondern, dass er sein Werk lese und prüfe. Atticus scheint sich dieses Vorrecht mit wachsamen Augen gewahrt zu haben. Er mag es einst für nöthig gehalten haben, Cicero daran zu erinnern. „Ain tu?“ erwidert ihm dieser verwundert[4]): „me existimas ab ullo malle mea legi probarique quam a te?“

Wenn er an Atticus schrieb, er sei der Aristarch seiner Reden[5]), so war dies nicht ein blosses Compliment. Vielmehr hatte Cicero eine gewisse Achtung vor der Kritik seines Freundes. Seine kritischen Zeichen brachte dieser mit rothem Stift an. Cicero gesteht zu verschiedenen Malen, dass er sich vor diesen rothen Strichen fürchte[6]).

Atticus tadelt, z. B., formelle Fehler, Missbrauch von

---

[1]) ad Att. I, 19, 10. XV, 13, 6 etc.

[2]) ib. XII, 40, 2.

[3]) ib. XII. 20. 2; denselben Bezug hat wohl Brief 24, 2, cf. 22, 2 ferner XIII, 30, 3.

[4]) IV, 5, 1.

[5]) I, 14, 3.

[6]) cerulas enim tuas miniatulas illas extimescebam XVI, 11, 1; cf. XV, 14, 4. — Bei Horaz ep. II, 3, 446 spielt ein schwarzer Querstrich die nämliche Rolle.

Wörtern, er macht Verbesserungsvorschläge [1]), er weist historische Irrthümer nach [2]).

Ausserdem pflegt er die Stellen, welche ihm am besten gefallen, zu bezeichnen. Es sind dies bei Cicero die sogenannten eclogarii (loci) [3]. Diese Stellen wurden gesammelt und einer gewählten Gesellschaft vorgelesen [4].

Diese Vorlesung konnte, unter Umständen, speciell bei Atticus, als Ankündigung und vorläufige Empfehlung eines bald erscheinenden Werkes gelten.

Ovid hatte ebenfalls einen Kreis von gebildeten Freunden und Gönnern, welchen er seine Gedichte zur Kritik vorlegte, so einen gewissen Atticus. Man lese z. B. ex Ponto II, 4, 13 sqq.

Saepe tuas venit factum modo carmen ad auris
　　Et nova judicio subdita Musa tuo est.
15 Quod tu laudaras, populo placuisse putabam:
　　Hoc pretium curae dulce regentis erat.
Utque meus lima rasus liber esset amici,
　　Non semel admonitu facta litura tuo est.

Den gleichen Dienst erwies ihm Tuticanus [5]):

Saepe ego correxi sub te censore libellos
Saepe tibi admonitu facta litura meo est.

Wenn die Verbannung des Dichters Glück vernichtete, so hat sie ihm auch diese Stütze seiner litterarischen Thätigkeit geraubt. Er empfand es bitter genug und lässt es uns

---

[1] XIII, 21, 3.

[2] XII, 5, 3: sed tu me γεωμετρικῶς refelleras, te autem nunc Brutus et Fannius

[3] ep. fam. XVI, 2, 6. Wir können nicht anders, als diese Auslegung von „eclogarii“ anzunehmen (zuerst von Montfault gegeben), um so mehr, als sie eine Stütze zu haben scheint in ad Att. XVI, 11, 1: nostrum opus tibi probari laetor, ex quo ἄνθη ipsa posuisti, quae mihi florentiora sunt visa, tuo judicio; cf ib 2, 6: notentur eclogarii quos Salvius einer der librarii des Atticus) bonos auditores nactus in convivio dumtaxat legat.

[4] ib XVI, 3, 1 Darauf spielt auch Cornelius Nepos an (Att. 14, 1): nemo in convivio ejus aliud acroama audivit quam anagnosten, quod nos quidem jucundissimum arbitramur: neque unquam sine aliqua lectione apud eum cenatum est

[5] ib. IV, 12, 25 sqq.

miterleben. „In Tomi giebt es keine Bibliotheken", klagt er einem Gönner, „hier nur Bogen und Waffengeklirr". Niemand ist da, dessen Rath er anrufen, dessen Geschmack er befragen könnte [1]):

> Non hic librorum, per quos inviter alarque
> Copia: pro libris arcus et arma sonant.
> Nullus in hac terra, recitem si carmina, cujus
> 40   Intellecturis auribus utar, adest
>
> . . . .
>
> 43 Saepe aliquod quaero verbum nomenque locumque.
> Nec quisquam est, a quo certior esse queam.

Die nämliche Klage hören wir in folgenden Versen [2]):

> Sed neque cui recitem, quisquam est, mea carmina, nec
> 90   Auribus accipiat verba Latina suis.   qui
> Ipse mihi — quid enim faciam? — scriboque legoque,
> Tutaque judicio littera nostra suo est.

Bisweilen entsinkt dem Verbannten Muth und Freude. Er wirft ins Feuer, was er soeben gedichtet [3]):

> Saepe tamen dixi „cui nunc haec cura laborat?
> An mea Sauromatae scripta Getaeque legent?"
> 95 Saepe et jam lacrimae me sunt scribente profusae.
> Umidaque est fletu littera facta meo
>
> . . . .
>
> 101 Saepe manus demens, studiis irata sibique,
> Misit in arsuros carmina nostra focos [4]).

Bekanntlich traf ihn das Verbannungsdekret, als er eben im Begriffe war, an seinen Metamorphosen die letzte Hand anzulegen. Diese Arbeit musste er nothgedrungen aufgeben. Wie ungern er dies that, und wie sehr er die Ausfeilung des Gedichtes für nöthig hielt, beweist der Entschluss, den er fasste, dasselbe gar nicht zu ediren, sondern es zu vernichten. Wir lesen diese Episode im siebenten Gedicht des I. Buches der Tristien.

---

[1]) Trist. III, 14, 37 sqq.
[2]) ib IV, 1, 89 sqq
[3]) ib. 93 sqq.
[4]) ib. V, 12, 61: Scribimus et scriptos absumimus igne libellos:
Exitus est studii parva favilla mei.

15   Haec [1]) ego discedens sicut bene multa meorum
      Ipse men posui maestus in igne manu.

. . . .

21   Vel quod eram Musas, ut crimina nostra, perosus,
      Vel quod adhuc crescens et rude carmen erat.
      Quae quoniam non sunt penitus sublata, sed extant
      Pluribus exemplis scripta fuisse reor.

.Wenn sich daher Unebenheiten und Fehler darin vorfinden,
so möge sie der Leser entschuldigen und bedenken, dass

29   ablatum mediis opus est incudibus illud,
      Deficit et scriptis ultima lima meis."

Dies ist denn auch der Inhalt der sechs Verse, welche wir,
gemäss der Verordnung des Dichters, am Anfang der Meta-
morphosen finden:

    .Orba parente suo quicunque volumina tangis,
      His saltem vestra detur in urbe locus!
    Quoque magis faveas: haec non sunt edita ab ipso,
      Sed quasi de domini funere rapta sui.
    Quidquid in his igitur vitii rude carmen habebit,
      Emendaturus, si licuisset, eram."

Ein allerdings sehr kluger Vorbehalt [2]!

Martial weiss auch die Wohlthaten solcher limatio zu
würdigen. Er hat dazu als Censoren seine Freunde Severus,
Faustinus etc. Dem ersteren schickt er einmal einen Band
Gedichte zur Correktur [3]:

    Non totam mihi, si vacabit, horam
    Dones et licet imputes, Severe.
    Dum nostras legis exigisque nugas.
    .Durum est perdere ferias": rogamus,
5   Jacturam patiaris hanc ferasque.

---

1 = carmina mutatas hominum dicentia formas.

[2]) Man vergleiche die schalkhafte Citation und Anwendung der
Schlussverse bei Sueton, in betreff des Lucanus, p. 74, 10 sq. Rffsch.:
reliqui enim VII libelli civilis libri locum calumniantibus tamquam
secundani non darent, qui tametsi sub vero crimine non egent patro-
cinio. in idem dici quod in Ovidi libris praescribitur potest: .emen-
daturus" etc. Dass Sueton an der Aufrichtigkeit des Ovid Zweifel
hegte, ist aber damit noch lange nicht gemeint.

[3]) ep. V, 80

Quod si legeris ipse cum diserto
— Sed numquid sumus improbi? — Secundo,
Plus multo tibi debiturus hic est,
Quam debet domino suo libellus,

. . . .

Quem censoria cum meo Severo
Docti lima momorderit Secundi.

Einmal sogar [1]) schickt der witzige Dichter dem Faustinus
zu den Gedichten einen Schwamm [2]), mit folgenden Worten:

v. 7 Non possunt nostros multae, Faustine, liturae
Emendare jocos, una litura potest.

Nach Spanien zurückgekehrt (in Bilbilis), klagt er wie Ovid,
der doch ungleich schlimmer daran war, über die proviucialis
solitudo. Si quid est enim quod in libellis meis placeat.
dictavit auditor. Illam judiciorum subtilitatem, illud materiarum
ingenium, bibliothecas, theatra, convictus, in quibus studere
se voluptates non sentiunt, ad summam omnium illa, quae
delicati reliquimus, desideramus quasi destituti [3]).

Einem Dichter wie Martial musste natürlich das provin-
cielle Leben gar still und fad erscheinen gegen das Gewühl
der Hauptstadt. Am Schluss seiner das XII. Buch einleitenden
Epistel bittet er noch den Adressaten, seinen Freund Priscus,
an den Gedichten scharfe Kritik zu üben, ne Romam, si ita
decreveris, non Hispaniensem mittamus, sed Hispanum.

Wie sollte vollends bei einem Plinius dem jüngeren, zu
einer Zeit, da sonst in der Litteratur das Formgefühl über-
wucherte, diese Sorgfalt nicht das richtige Mass überschreiten!
Sein Stil ist glatt, glänzend, aber eben oft auf Kosten des
Inhalts. Er giebt uns in extenso über seine Art, die
eigenen Schriften zu prüfen, Auskunft [4]): Itaque nullum
emendandi genus omitto. Ac primum quae scripsi mecum
ipse pertracto; deinde duobus aut tribus lego: mox aliis [5])

---

[1]) IV, 10.
[2]) Ueber Verwendung des Schwammes u. a. z. vgl Wattenbach,
Schriftwesen d. M. A. p. 195 f.
[3]) praef. l. XII, 9 sqq.
[4]) ep. VII, 17, 7.
[5]) z. B. an Tacitus cf. ib. 20, 1: librum tuum legi et quam diligentissime potui adnotari quae commutanda, quae eximenda arbi-
trarer... Nunc a te librum meum cum adnotationibus tuis exspecto.

trado adnotanda notasque eorum, si dubito, cum uno rursus aut altero pensito; novissime pluribus recito: ac siquid mihi credis, tum acerrime emendo. Dann erst recht, nachdem das Buch durch die Hände vieler gelehrten Freunde gegangen ist, wird die lima neu angesetzt.

Wenn wir den Panegyricus lesen, sind wir nicht geneigt, dem Verfasser für seine Sorglichkeit ein Compliment zu machen.

Der römische Autor liest seinen Freunden vor, was er geschrieben, und richtet sich nach ihrer Kritik.

Das erste uns bekannte Beispiel einer solchen Vorlesung ist M. Accius, welcher in Tarent dem Pacuvius auf dessen Verlangen seine Tragödie Atreus vorlas[1]). Aehnliches mag mit dem Beginn der römischen Litteratur vorgekommen sein und eine Anknüpfung an das alte conlegium poetarum stattgefunden haben[2]).

Aus diesen Vorlesungen in Privatkreisen haben sich die öffentlichen Recitationen entwickelt. Es liegt unserer Aufgabe fern, uns über diese Einrichtung zu verbreiten[3]).

Wir möchten nur daran erinnern, dass der Erfolg solcher Recitationen oft für die Carriere eines Autors den Ausschlag geben konnte. Mancher Dichter, dessen Werke rasch in den Buchhandel kamen und über die Welt ihren Weg fanden, mag diesen Erfolg der Wirkung einer gelungenen Recitation verdankt haben. Buchhändler waren bei den Vorlesungen anwesend — an ihnen hatte der Dichter vielleicht die aufmerksamsten Zuhörer. Sie beobachteten

---

[1] pudende, o pulcra vice! Tacitus leistete ihm also den Gegendienst; cf ep. I, 2, 1, 3.

[2] Gell. XIII, 2

[3] Ueber dies conlegium sind namentlich zu vgl. Festus p. 333; Val Max. III, 7, 11; Ribbeck, die röm. Tragödie p 43; Lucian Müller, Kanius Petersburg 1864 p 30 ff An der ersten Stelle wird uns überliefert, dass den Dichtern zu Ehren des Livius Andronicus Corporationsrechte verliehen wurden (im Jahre 207). Julius Caesar pflegte das Colleg zu besuchen. Die Versammlung erhob sich zum Gruss beim Eintritt des Imperators; einzig Accius, im Gefühl seiner Würde, blieb sitzen.

[4] Im Allgemeinen sind darüber zu vergleichen: K. Lehrs, Populäre Aufsätze p. 175; Friedländer, Sittengesch. III, 370; Lucian Müller, Kanius p. 36 ff. Weitere Litteraturnachweise giebt am ausführlichsten Möhr s. v Recitationen, Pauly's Realencyclopädie.

die Haltung, die Stimmung des Auditoriums. Wurde das vorgelesene Werk mit Applaus begrüsst — schnell waren die Bibliopolen bereit, die Edition zu übernehmen. Blieb das Publikum kalt, so kehrte der Buchhändler dem armen Schriftsteller den Rücken.

Wir haben an diesen mehr oder weniger hervorragenden Beispielen gesehen, wie ernst und gewissenhaft des Autors Arbeit war. Es ist uns damit ein Blick in die schriftstellerische Thätigkeit der Alten gewährt. Man rühmt den Stil eines Cicero: seine Werke gelten als klassisch. Nur durch ununterbrochene Arbeit hat er dieses Lob verdient. Wir begreifen jetzt, wie er es in seiner Diction zu solcher Vollendung hat bringen können. Wir staunen ob der wunderbaren Geduld und Sorgfalt des Autors. Dafür ist er zu allen Zeiten hoch in Ehren gehalten worden, und wird es bleiben. Wenn Horaz ausrief: exegi monumentum, so galt sein Selbstgefühl gewiss auch der Vollendung seiner Gedichte im Einzelnen.

Die Erklärung dieser Eigenthümlichkeit liegt tief im Charakter des Römers. Der Lateiner hat nicht die Künstlernatur des Hellenen. Sein Werk ist nicht dasjenige des Griechen, das gleichsam aus einem Guss gegossen vor dem Meister fertig dasteht. Des Römers Meisterwerk ist das Produkt einer langen minutiösen Verstandesarbeit. Es liegt in ihm ein tiefes Formgefühl — ein Zug, der überhaupt die Romanen noch heute charakterisirt. Dieses Gefühl zu befriedigen, unternimmt der Autor diese lange Arbeit der Selbstkritik.

Zu dieser Ursache tritt erklärend noch folgender Umstand hinzu.

Dem Schriftsteller erscheint die Edition als ein Ereigniss von hoher Bedeutung. Er empfindet fast eine gewisse Scheu, vor das grosse Publikum zu treten.

Falsche Scheu kann hier nicht vorliegen.

Es muss also dem Römer der Begriff „Edition" schwerer gewogen haben als uns.

Eine Schwächung des Begriffes muss sich aus dem häufigen Vorkommen der Sache ergeben.

Heutzutage ist sozusagen Schriftstellern und Publiciren eine Sache. Man spricht nicht vom einen, ohne an das andere zu denken.

In Rom wurde nicht alles edirt, weil nicht alles zur
Edition bestimmt war. Schriftstellern und Publiciren ist
zweierlei. Dies zeigen zur Genüge schon die Berathungen,
welche Cicero, Plinius etc. mit ihren Freunden pflegen.

Edere bedeutet „hervor — herausgeben"[1]).

Je nachdem die Mittheilung des Werkes an einen beschränkten oder unbeschränkten Kreis, d. h. an das Publikum
gerichtet ist, kann man von einer Edition in engerem und
weiterem Sinne reden.

Im ersten Fall werden Abschriften eines Buches (aus
dem Hause des Verfassers hervorgehend) an Freunde ver-
schickt, sei es zur Kritik, sei es sonst als Geschenk.

Im zweiten Fall wird das Buch einem Buchhändler
übergeben, in den Verkehr gebracht.

Wir glauben nun, im Hinblick auf schon gegebene Erörterungen und auf die noch zu gebenden, folgenden Satz
aufstellen zu können.

Die meisten Werke römischer Prosa und Poesie sind,
bevor sie in den Buchhandel kamen, in einigen Exemplaren
schon verbreitet, in engerem Sinne schon edirt gewesen[2]).

Wir müssen uns eben von den modernen Anschauungen
losschlagen.

Im Alterthum schrieb man die Bücher ab; heute werden
sie gedruckt.

Für uns ist die Edition die Massenproduktion und Verbreitung eines Werkes.

---

[1]) Der Begriff „Edition" wird am häufigsten wiedergegeben durch
edo, editio = emissio librorum Senec. benef. IV, 25. Editor kommt
in diesem Zusammenhang nicht vor. Ausser edo finden sich folgende
Ausdrücke:
divulgo vereinzelt bei Cicero ad Att. XII, 40, 1. 44, 1.
pervulgo ad Att. XIII, 39, 2 gehört kaum hierher.
mitto Plin. ep. 1, 2, 6.
dimitto Stat. Silv. praef 1, 1, 6.
publicare ib. praef 1 IV, 23 Plin. ep. 1, 8, 4.
Passiv: exire Cic. ad Att. XIII, 21, 4.
feror dari ib. 22, 3.
Nur von der Mittheilung an Freunde, Edition in engerem Sinne, gilt
bei Plin. exhibeo cf. ep. 1, 2, 1 II, 5, 1 etc. pass.

[2]) Wo wir schlechtweg „Edition, ediren etc." sagen, gilt der
Ausdruck von der buchhändlerischen Verbreitung eines Werkes.
Dies nur um Missverständnissen vorzubeugen.

Das Publicationssystem der Alten gestattet, vielmehr
gebietet allmähliche Vervielfältigung und Verbreitung des
Buches.

In diesem Sinne hat also G. Boissier Recht, wenn er
in seinen recherches sur la manière dont furent recueillies
et publiées les lettres de Cicéron[1]) sagt: Aujourd'hui la
publication d'un livre est une opération d'un caractère bien
précis et nettement tranché: pour le public on l'imprime,
chez les anciens on le copiait, un certain nombre de fois.
Donner un livre à ses amis ou le répandre dans le public
ne différait que par la quantité des copies qu'on en faisait
faire. Freilich geht G. Boissier zu weit, wenn er fort-
fährt: La limite était indécise et il était bien difficile de
dire à quel moment précis commençait vraiment la publication. Comme il y avait des degrés qui conduisaient
insensiblement de cette publicité d'un ouvrage que l'on
faisait lire à plusieurs personnes à sa publication véritable,
le passage de l'une à l'autre pouvait se faire presque sans
qu'on s'en aperçût. Publier un livre était donc une chose
moins grave qu'aujourd'hui et à laquelle on se trouvait tout
naturellement porté.

Wir halten die Annahme dieses allmählichen Ueber-
ganges von der publicité zur publication für unbegründet.
Wir werden unten darauf zurückkommen.

Die Mittheilung an Freunde bietet für die Edition einen
Ersatz. Darum denkt der Autor während der Abfassung
nicht immer von vornherein an das grosse Publikum. Wenn
er den Entschluss zu ediren fasst, muss er sich erst mit
dem Gedanken der Edition in weiterem Sinne vertraut
machen.

Daher, zum Theil wenigstens, diese Scheu, von welcher
wir oben sprachen.

Es ist kaum nöthig, dass wir nach den gegebenen Aus-
führungen p. 12 ff.) Beispiele für Mittheilung und Schenkung eines Buches an Freunde beibringen. Wir heben nur
Einzelnes heraus.

Cicero[2]) schickt dem Posidonius (auf Rhodus) ein

---

[1]) Paris, Durand 1863, p. 8.

[2]) ad Att. II, 1, 1: quem tu Corcyrae ut mihi aliis litteris signi-
ficas, strictim attigisti, post autem ut arbitror a Cossinio accepisti.

Exemplar seines Commentarius, der damals noch nicht edirt war. Zur nämlichen Zeit ungefähr lässt er ein zweites Exemplar durch Cominius dem Atticus überreichen.

Martial erscheint so oft als Schenker seiner Gedichte [1] dass A. Schmidt [2] annahm, er habe von seinem Verleger Preiexemplare erhalten. Wir begnügen uns, darauf aufmerksam zu machen, dass der Dichter seine eigenen librarii hatte. Er kaufte sich Rollen und liess sie durch seine Sklaven vollschreiben [3]. Wie oft spricht Cicero von mei librarii [4]. Durch sie lässt er seinen ἀρχέτυπος abschreiben [5]. Bei ihm scheint eine einmalige Abschrift das gewöhnliche Mass gewesen zu sein. Er behielt sein Handexemplar und sandte die Abschrift dem Editor zu [6].

War das Buch damals schon divulgirt?

Es scheint, man müsse es annehmen, will man das handschriftlich überlieferte post autem beibehalten. Das Buch wäre demnach durch den Handel nach Corcyra gelangt.

Nun haben aber die zweite Hand des Mediceus und ein Oxoniensis (Ox:Q) statt post autem die Lesart postquam. Es würde sich damit nur um ein Exemplar des Commentarius handeln, eben das von Cicero dem Cominius für Atticus übergebene, worauf denn auch das sicher überlieferte bestimmt ausgehende quem tu hinweist.

Manutius nimmt ohne weiteres eine vorausgegangene Publication des Buches an. Dagegen spricht entschieden § 2: tu, si tibi placuerit liber, curabis ut et Athenis sit et in ceteris oppidis Graeciae. Hätte Atticus das Buch als publicirt auf Corcyra angetroffen, so musste dasselbe doch wohl vor allem in Athen zu haben sein. Allein wir haben keine Spur davon, dass das Buch, sei es in Rom, sei es anderswo, damals schon publicirt gewesen wäre. Cicero beauftragt Atticus gerade mit der Verbreitung des Büchleins nicht nur in Athen, sondern auch in den übrigen Städten Griechenlands. Die Edition war noch nicht geschehen. Nur dann konnte Cicero schreiben: tu si tibi placuerit liber . . . etc.

Wir nehmen also postquam auf. Post autem (Orelli, Boot, Wesenberg) ist nicht festzuhalten.

[1] IV, 10; 42 V, 6, VII, 17 X, 19 etc.
[2] Geschichte der Denk- und Glaubensfreiheit p. 143.
[3] cf. zu IV, 49, 4, II, 1, 5 und ib. 4, 3 sq.
[4] ad Att. XIII, 21, 5.
[5] ib. XIII, 14, 3.
[6] ib XIII, 21, 5: tantum porro aberat ut binos scriberent, vix singulos confecerunt. Es handelt sich um das Werk De finibus, wovon Caerellia vor der Edition ein Exemplar bekommen hatte. Die Abschrift durch die librarii des Cicero war unter des Verfassers Augen ge-

Eine zweimalige Abschrift hatte in dem oben erwähnten Fall ad Att. II. 1. 1 stattgefunden.

Die Edition hebt sich scharf ab von diesen mehr privaten Vorgängen unter Freunden. Statius hatte seine Silven zunächst einzeln seinen näheren Bekannten verehrt; erst nachträglich entschloss er sich zur Gesammtedition [1].

Der Entschluss zu ediren erfolgt erst nach gemeinsamer Berathung zwischen Autor und Verleger.

Dass man sich nicht immer sofort einigen konnte, ist zu erwarten. Oft wurde lange darüber parlamentirt. Keiner von beiden, und namentlich der Autor nicht, will manchmal die Verantwortlichkeit auf sich nehmen. Der Autor zögert: sein Verleger treibt ihn [2]. So hat auch Tryphon den Quintilian bewogen, seine Institutio oratoria früher herauszugeben, als er es eigentlich beabsichtigt hatte [3].

Bald aber ist es der Editor, welcher mit seinen neuen Publicationen zu früh herausrückt. Darüber klagt einmal Cicero [4]: dic mihi, placetne tibi primum edere injussu meo? Doch wir greifen damit voraus.

Es gab auch Werke, die von vornherein bestimmt waren, ἀνέκδοτα zu bleiben [5].

Autor und Editor verständigen sich endlich über die Zeit, wann die Edition stattzufinden habe. So schreibt Cicero an Atticus [6]: Scripta nostra nusquam malo esse quam apud te, sed ea tum foras dari, quum utrique nostrum videbitur.

—

schehen (ib: nunquam ab oculis meis afuerunt). Bei diesem Anlass constatiren wir die Möglichkeit der Unterschlagung von Abschriften.

[1] Praef. l. l. Diu multumque dubitavi ... an hos libellos ... cum singuli de sinu meo prodierint, congregatos ipse dimitterem. — cf. Hor. Sat. I, 4, 71: Nulla taberna meos habeat neque pila libellos. Die Satiren waren noch nicht edirt; Horaz wollte sie damals gar nicht ediren. Und doch waren sie schon bekannt, recensirt worden — so dass sich der Dichter nun vertheidigen musste. Es ist dies eine weitere Illustration der Thatsache, dass eine Schrift vor der Veröffentlichung durch den Buchhandel in weitere Kreise gedrungen sein konnte.

[2] Cic. ad Att. I, 1, 3: oratiunculas autem et quas postulas et plures mittam. XVI, 11, 3: librum quem rogas perpoliam et mittam.

[3] ep. ad Tryph.

[4] Cic. ad Att. XIII, 21, 4.

[5] Cic. ad Att. II, 6, 2. XIV, 17, 6.

[6] XIII, 22, 3.

Ueber das Publikum zu reden, kann nicht in unserer Absicht liegen. Wir verweisen auf die vorzügliche anziehende Darstellung von Martin Hertz in seinem Vortrage über Schriftsteller und Publikum in Rom[1]).

Der Mittler zwischen Autor und Publikum ist der Buchhändler, dessen Thätigkeit wir jetzt zu betrachten haben.

---

[1]) Schriftsteller und Publikum in Rom. Berlin 1853.

II. Der Buchhändler.

Litteratur: F. Schmitz, de bibliopolis Romanorum p. 1 sqq. Saarbrücken Programm 1857.

Hermann Goell, üb. d. Buchhandel bei den Griechen u. Römern Schleiz Programm 1865 p. 6 sqq.

Bernhardy, römische Litteraturgeschichte p. 69 (V. Aufl 1872).

Friedländer, Sittengesch. III. p 370 ff.

Th. Birt, d. antike Buchwesen p. 357 sqq.

Es liegen uns im gewöhnlichen Sprachgebrauch zwei Ausdrücke vor, welche dem Begriff „Buchhändler" entsprechen: der eine römischen Ursprungs librarius, der zweite den Griechen entlehnt: bibliopola (βιβλιοπώλης.

a) Librarius ist zunächst Beiwort, wird dann substantivisch gebraucht. Wir finden folgende Anwendungen:

I. in der Bedeutung „Schreiber".

1. scriba librarius Buchführer (amtlich und privat). Varro de r. r. III, 2. 14; librarius „Secretär" Cic. de agr. II, 32 (Gegensatz zu scriba, dem untergeordneten Schreiber). Cic. ad Att. IV, 16, 1. Fronto ad M. Caes. II, 13.

2. scriptor librarius Hor. ep. II, 3, 354: Bücherabschreiber. librarius Cic. ad Att. XII, 6, 3. Liv. XXXVIII, 55, 8 (cf. Plin. h. n. XXVII, 52 atramentum librarium) spät ist libraria (fem.) Euseb. hist. eccles. VI, 17; XXIII, 66. Mart. Cap. I, 65.

Wir fügen einzelnes von der Benennung der Schreiber bei.

In späterer Zeit war librarius gleichbedeutend mit antiquarius. Isid. orig. VI, 14: Librarii iidem qui et antiquarii vocantur, sed librarii sunt, qui nova et vetera scribunt, antiquarii qui tantum modo vetera, unde et nomen sumpserunt[1]. An dieser

---

[1] Diese Angabe scheint auf Sueton zurückzugehen; s. unten.

Nachricht wird wenigstens das letzte wahr sein. Die antiquarii machten sich anheischig, speciell ältere Schriften zu lesen und abzuschreiben.

In gleicher Weise war notarius einer, der sich auf Notenschrift, auf Tachygraphie geworfen hatte: dann allgemein Schnellschreiber. Dass notarii auch als Bücherabschreiber funktionirten, beweist Hieron. ep. 75, 4. Die Bezeichnungen tabularius, tabellarius (bei Cicero z. B. Briefbote), tabellio sind nicht in die Terminologie des Buchhandels eingedrungen. Die späte Kaiserzeit und das Mittelalter verstehen darunter Urkunden schreibende Notare.

3. doctor librarius Schreiblehrer Porphyr. ad Hor. ep. II, 1, 69 librarius Hieron. ep. 107, 4. librarius = antiquarius = Schreiblehrer, Kalligraph ist belegt durch das Edikt des Diocletian de pretiis rerum (CIR. III, 2, 831)

II. in der Bedeutung „Buchhändler", libraire-éditeur. Der Bücherabschreiber wird zum Bücherverkäufer. Der librarius describit [?] Bücher abschreiben und verkauft sie. Ursprünglich als Sklave von seinem Herrn beschäftigt, betreibt er dieses Geschäft als Freigelassener selbständig fort. Erst der Römer der Kaiserzeit nennt seinen Buchhändler librarius. Senec. benef. VII, 6; Gell. n. a. V, 4, 2; XVIII, 4, 1. Bei Martial dagegen ist dieser Gebrauch von librarius nicht erwiesen [1]. cf. taberna libraria Cic. Phil. II, 9, 21.

libraria = librairie Gell. V, 4, 1.

Ironisch braucht Stat. silv. IV, 9, 21 das deminutivum libellio.

b) Bibliopola „Buchhändler" ist erst in den Autoren der Kaiserzeit zu finden [2] Plin. ep. I, 2, 6; Mart. XIII, 3, 4:

---

[1] Mart. IV, [?] Der librarius ist der Schreiber, welcher die Abschrift machen vollendet. Cf. II, 1, 5, 6, 8. Der Buchhändler schreibt nicht ab. Man kann ihm auch keine Schreibfehler zuschreiben.

[2] Eine Confusion verursachte folgende Notiz, welche wir bei [?] (Keller) 134, 18 finden: unde et scriptores a libris arborum libraria nominaverunt; librarii ante bibliopolas dictos. Die librarii a [?] orborum sind in der That Schreiber; aber die librarii ante bibliopolas dicti sind Buchhändler. Die Horazcommentatoren haben den

IX, 11, 2. — Man wäre versucht, im Hinblick auf diese terminologischen Einzelheiten anzunehmen, es habe erst am Ende der Republik, oder gar erst in der Kaiserzeit in Rom einen eigentlichen Buchhandel und wirkliche Buchhändler gegeben. Diesen Standpunkt nimmt u. a. Fr. Schmitz ein [1].

Er bemerkt sehr richtig, die Römer hätten, so lange ihre Eroberungspolitik anhielt, weder Zeit noch Lust zum Schriftstellern gehabt. Nur darf man diese Periode nicht zu lang werden lassen. Hernach sei mit der Griechen Bildung auch die Pflege der Litteratur aufgeblüht. Man erzog und bildete sich in vornehmen Römerhäusern Sklaven, die eigens zum Abschreiben von Büchern bestimmt waren. „Horum Romanorum facile princeps fuit T. Pomponius Atticus, qui in familia sua pueros litteratissimos, anagnostas optimos et plurimos librarios haberet.... Ab his librariis, qui dominis libros descripserunt, originem duxerunt bibliopolae."

Allein es ist schon für die Mitte des letzten Jahrhunderts v. Chr. ein Buchhändlerladen in Rom constatirt [2]). Dahin flüchtet sich Clodius, von Antonius verfolgt.

Auf diese Buchverkäufer ist nach unserer Ansicht hingedeutet: Cic. ad Att. XII, 6, 3: Macte virtute! mihi quidem gratum et erit gratius, si non modo in libris tuis, sed etiam in aliorum per librarios tuos „Aristophanem" reposueris pro „Eupoli". Sonderbar genug nimmt Th. Birt [3]) an, die librarii des Atticus müssen nun zu allen Privaten, die das Buch schon gekauft haben, rennen und den „Druckfehler" Exemplar für Exemplar ausmerzen.

Jene alii sind die tabernarii, modern gesprochen, die Sortimentsbuchhändler, welchen der Verleger eine Anzahl Exemplare der Auflage zum Verkauf übertragen hat. Darum

---

Wechsel in der Bedeutung v. librarius nicht beachtet und die Stelle ep. II, 3, 354 auf einen Buchhändler bezogen: Comm. Cruq: scriptor librarius bibliopola uti veteres dicebant quod et Tranquillus affirmat. Acron in h. l.: ita enim bibliopolas suos veteres dicebant. Hoc et Tranquillus affirmat.

[1]) a. O. p. 4.

[2]) Cic. Phil II, 9. 21: nisi se ille in scalas tabernae librariae conjecisset.

[3]) p. 351.

kann auch Cicero von Atticus verlangen, dass er die Correktur nicht nur in seinen Exemplaren (d. h. in denjenigen, welche er noch auf Lager hat), sondern in den „andern" vornehmen lasse.

Ueberhaupt scheint schon vor Atticus ein ziemlich ausgebildeter Buchhandel bestanden zu haben.

Cicero[1]) bereut die verfrühte Herausgabe seines Buches de inventione. Von M. Antonius hören wir ähnliches[2]).

Endlich musste Atticus in Rom Concurrenten haben, sonst konnte ihm Cicero nicht schreiben[3]): scripta nostra nusquam malo esse quam apud te.

Wir dürfen also für Cicero's Jugendzeit schon einen thätigen Buchhandel in Rom annehmen, der die Vervielfältigung und den Vertrieb litterarischer Erzeugnisse besorgte.

Atticus ist freilich der erste, den wir auf diesem Gebiete mit Namen nennen können. Ja, wir können seine buchhändlerische Thätigkeit und Bedeutung näher ins Auge fassen.

Cornelius Nepos erzählt uns in seiner Biographie des Atticus[4]) von der familia desselben folgendes: namque erant in ea pueri litteratissimi, anagnostae optimi et plurimi librarii, ut ne pedissequus quidem quisquam esset, qui non utrumque horum pulcre facere posset . . .

Wozu Atticus diese vielen gebildeten Sklaven verwendete, sagt uns der Biograph zwar nicht ausdrücklich. Doch wir können nicht fehlgehen: Es waren die Arbeiter der Atticusofficin auf dem Quirinal.

Nepos sagt kein Wort von den buchhändlerischen Geschäften seines Freundes; ebensowenig durfte er dessen Gladiatorensport u. dgl. erwähnen. Es hätte ja seiner fama Eintrag thun können. Wie sollte ein vornehmer Römer solch Gewerbe treiben? Ueber solche Dinge schwieg der Biograph.

---

[1]) In der bekannten Stelle de or. I. 5: quae pueris aut adulescentulis nobis ex commentariolis nostris inchoata ac rudia exciderunt

[2]) Cic. de or. I, 94: in libello qui me imprudente et invito excidit et pervenit in manus hominum.

[3]) XIII, 22, 3.

[4]) 13, 3.

Ein speculativer Kopf wie Atticus freilich, setzte sich
über derartige Vorurtheile hinweg und beschäftigte ganze
Schaaren von Sklaven, die er eigens dazu gebildet hatte,
mit Abschreiben von Büchern. Er mag ursprünglich nur
für seinen Privatgebrauch gearbeitet haben; dann dehnte
sich sein Arbeitsfeld aus. Seine Ausgaben hatten anerkannte
Vorzüge. Manch römischer Autor wird sich für die Veröffentlichung seiner Werke an ihn gewendet haben. Denn
man hatte erfahren, dass er alle Sorgfalt auf fehlerloses
Abschreiben der Bücher verwende, damit sie quam emenda-
tissimi in die Hände des Publikums gelangten.

Atticus hatte seine eigene reichhaltige Bibliothek. Er
sollte einmal dem Cicero ebenfalls eine sammeln. Dieser
Auftrag brachte Atticus vielleicht auf die Idee, die eigenen
Bücher zu verkaufen [1]).

Dass er damals schon (a. 69 67 v. Chr.) den Verlag
von Ciceros Werken hatte, ist nicht sicher zu ermitteln. Im
Jahre 61 v. Chr. aber scheint dieses Verhältniss bereits gebildet zu sein. Cicero schreibt an Atticus [2]): *Τοποθεσίαν*
quam postulas Miseni et Puteolorum includam orationi meae.
A. d. III. non. Decembr. mendose fuisse animadverteram.
Quae laudas ex orationibus mihi crede valde mihi place-
bant, sed non audebam antea dicere; nunc vero quod a te
probata sunt, multo mihi *ἀττικώτερα* videntur. In illum
orationem Metellinam addidi quaedam. Liber tibi mittetur,
quoniam te amor nostri *φιλορήτορα* reddidit. Wir sehen,
dass bereits ein lebhafter Gedankenaustausch über litterarische Dinge stattfindet. Cicero schickt seine Schriften
an Atticus [3]). Bald nachher [4]) sendet er ihm seinen Commentarius consulatus mei graece compositus. Der Anfangs-
brief des II. Buches enthält bereits die Ordre, das Buch

---

[1]) I, 4, 3: Libros tuos conserva et noli desperare eos me meos
facere posse; ib. 10, 4: Bibliothecam tuam cave cuiquam despondeas,
quamvis acrem amatorem inveneris; nam ego omnes meas vindemiolas
eo reservo, ut illud subsidium senectuti parem. Diese Stelle und
ib. 11, 3 bezieht G. Boissier revue archéol. n. série VII. 1563 p. 92 f.
falsch auf den Verlag des Atticus.

[2]) I, 13, 5.

[3]) I, 16, 18: Ego tibi aliquid de meis scriptis mittam. Nihil erat
absoluti.

[4]) ib. 19, 10.

aber Griechenland zu verbreiten. Atticus ist also Verleger spätestens seit 59 v. Chr., und wenn Cicero ihm erst im Jahr 45 schreibt[1]): scripta nostra nusquam malo esse quam apud te, so geschieht diese Erklärung nur aus besonderer Veranlassung. Uns kann sie bloss als formelle Bestätigung eines Verhältnisses erscheinen, welches schon seit ca 15 Jahren bestanden hat[2]).

Atticus also verlegt die Werke Cicero's. Er hat ausserdem vielleicht den Verlag von

1. Brutus' Cato[3]), so vermuthet G. Boissier a. O. p. 98 mit Hinweis auf XII, 21, 1: tantum rogat de senatus consulto ut corrigas.

2 Demselben epitome Caelianorum XIII, 8.

3. Bei Atticus erschienen vielleicht auch Varro's Werke; ad Att. IV, 14, 1 schreibt nämlich Cicero: Velim domum ad te scribas, ut mihi tui libri pateant non secus ac si ipse adesses, quum ceteri, tum Varronis. Cicero besass also nicht alle Werke des Varro, wohl aber Atticus. Er ist eben wahrscheinlich der Verleger derselben; darum fordert er den Cicero auf, dem Varro eine Widmung darzureichen.

4. Endlich hatte Atticus auch die Schriften des Tyrannio. Cicero schreibt ad Att. XII, 6, 2: Librum si me amas mitte. Tuus est enim profecto, quoniam quidem est missus ad te.

Atticus genoss bedeutenden Ruf. Seine Ciceroausgabe war gesucht. Fronto bezeugt, dass die Werke römischer

---

[1]) XIII, 22, 3 cf. ib. 12, 2.

[2]) Th. Birt (Ant. Buchw. p. 342) hat zwar mit Bezug auf die Stelle ad Att. II, 16, 4 (ita rursus remittit (Quintum), ut me roget ut emendes eos emendes et edam) behauptet, Cicero sei damals noch sein eigener Verleger gewesen. Allein aus dem gleichen Jahre stammt die früher citirte Aeusserung in II, 1, 2; cf. ib. 4, 3. Cicero sollte die Edition der Annalen seines Bruders besorgen, gleichwie die von Hirtius' Cato. In gleicher Weise lässt Martial ein Libell durch einen Freund ediren. Analog kann bei uns der Ausdruck „Herausgeber" den „Verleger" bezeichnen, aber auch den, der das Werk eines anderen dem Verleger „druckfertig" übergiebt.

[3]) Demnach hätte Atticus drei Cato in seinem Verlag: 1. den des Cicero XII, 4, 2; 5, 2; 2. den des Hirtius XII, 40, 1; 3. den des Brutus a. O.

Klassiker zu seiner Zeit höher angeschlagen wurden, wenn sie in guter Abschrift vorlagen. Er schreibt [1]) darüber erfreut, dass sein Schüler eine seiner Reden mit eigener Hand abgeschrieben und ihm zugeschickt hatte: Contigisse quid tale M. Porcio, aut Q. Ennio aut C. Graccho aut Titio poetae? quid Scipioni aut Numidico? quid M. Tullio tale usuvenit? quorum libri pretiosiores habentur et summam gloriam retinent si sunt a Lampadione [2], aut Staberio aut ... aut [Tirone cj. A. Mai] aut Aelio ... aut Attico aut Nepote [3]).

Es liegt nahe, zu vermuthen, dass Atticus auch frühere Autoren in neuen Ausgaben publicirte. Das Bedürfniss nach correkten Exemplaren überhaupt wurde früh gefühlt. Der Umstand, dass — z. B. bei pressanten Publicationen — die Copien nicht immer die gewünschte Correktur erfuhren, brachte es mit sich, dass die Fehlerhaftigkeit der Bücher immer mehr zunahm. Cicero antwortete seinem Bruder. als dieser ihn um Besorgung gewisser Bücher gebeten hatte [4]: valde velim ista confici .. neque enim ista venalia sunt quae quidem placeant. In einem früheren Briefe [5]) vernehmen wir eine deutliche Klage: de latinis vero (libris sc.) quo me vertam nescio: ita mendose et scribuntur et veneunt.

So kamen unterrichtete Buchhändler früh zur Erkenntniss, sie müssten ihren Publicationen möglichst fehlerfreie Normalexemplare zu Grunde legen. Diesen Grundsatz beherzigte zweifelsohne vor allem Atticus. Er hatte speciell für Cicero's Werke seine Musterexemplare, welche später Dorus, ein Buchhändler des ersten Jahrhunderts der Kaiserzeit, käuflich erwarb. Wir haben sein Lob aus dem Munde des Fronto gehört. Atticus hatte eine Bibliothek, um welche Cicero ihn beneidete. Was ihren hohen Werth ausmachte. war eben der Umstand, dass die Schriften in möglichst guten Ausgaben gesammelt worden waren. Atticus muss überhaupt mit den Hauptplätzen des damaligen Buchhandels

---

[1]) ad M. Caes 1, 6.
[2]) cf. Gell. XVIII, 5, 11; s. unten.
[3]) Die Stelle ist corrupt.
[4]) ad Quint. fr. III, 4.
[5]) ib 5 6. 6; cf. Strabo XIII, 1.

in regem Verkehr gestanden sein. Er war denn auch am
besten dazu geeignet, dem Cicero eine Bibliothek zu verschaffen. Unter seinen Bücherschätzen hatte er griechische
sowohl als römische Autoren. Cicero benutzte sie fleissig.
Ob Atticus, nachdem sein Buchhändlergeschäft sich ausgedehnt hatte, auf Grund jener Normalexemplare, aus denen
eine Bibliothek bestand, Abschriften auch griechischer
Autoren machen liess, hat weder er noch Cicero uns überliefert. Zu ihrer Zeit waren die griechischen Klassiker in
den Händen aller gebildeten Römer. Es ist nicht wahrscheinlich, dass dieser Artikel nur durch Import aus Athen,
Alexandria, Pergamum auf den römischen Büchermarkt gelangte. Vielmehr wird der römische Buchhandel bald auch
griechische Werke vervielfältigt und veröffentlicht haben.
Der Bibliopole wird diese neue Erwerbsquelle bald in seinen
eigenen Geschäftskreis gezogen haben. Gesetzliche Schran-
ken waren ja keine vorhanden.

Atticus speciell mag sowohl griechische als lateinische
Bücher edirt und verkauft haben.

Ja, es scheint, dass seine Ausgaben in der griechischen
Litteraturgeschichte Erwähnung verdienen.

Harpocration nämlich beruft sich mehrmals auf die
Autorität der Ἀττικιανὰ ἀντίγραφα. Nach H. Sauppe [1])
ginge der cod. Par. Σ des Demosthenes auf jene Recension
zurück.

Wir lesen z. B. bei Harpocration [2]: „ἀνελοῖσα γὰρ τον
ρόμον τοῦτον ἐχειροτόνησεν αὐτῇ“ Δημοσθένης ἐν τῷ κατ
Ἀριστοκράτους φησίν, ἀσαφῶς δ᾽ αὐτοῦ ἔχοντος καὶ ἐλλιπῶς
ἄλλοι ἄλλως ἐξηγοῦνται. ἐν δὲ τοῖς Ἀττικιανοῖς διττή, ἦν
γραφή, ἡ μὲν οὕτως „ἀνελοῖσα γὰρ τὸν νόμον τοῦτον ἐχ.
νῦτῇ“, ἡ δὲ ἄλλη „ἀνελοῖσα γὰρ τὸν νόμον τοῦτον ἐχειρο-
τόνησε λαθοῦσα ἐκεῖνον αὐτῇ.“

Die Subscription der codd. B und F v. Dem. am Ende
der λόγοι Φιλιππικοί, speciell die Rede πρὸς ἐπιστολὴν
Φιλίππου lautet: διώρθωται ἀπὸ δύο Ἀττικιανῶν, welche
zwei Copien also auch nicht vollkommen den gleichen Text

---

[1]) crit. p. 14 sq.

[2]) 19. 24.

boten. Ebenso werden betreffend Aeschines die Ἀττικιανά zweimal citirt [1]).

Endlich redet Galen in seiner Schrift περὶ τῶν ἐν τῷ Τιμαίῳ ἰατρικῶς εἰρημένων[2] ausdrücklich von einer Ausgabe jener Ἀττικιανά. Nachdem er die Stelle in Platon's Timaeus 77, c: διὰ τὸ τῆς ὑφ' ἑαυτοῦ κινήσεως besprochen hat, erklärt er: αὕτη μὲν ἡ ἐξήγησίς μοι γέγονε κατὰ τὴν τῶν Ἀττικιανῶν ἀντιγράφων ἔκδοσιν.

So sind Atticianische Abschriften von Demosthenes (g. Androtion), Aeschines, Platon (Timaeus) in mehreren, mitunter von einander abweichenden Exemplaren constatirt, desgleichen eine Ausgabe derselben.

Wir haben es hier nicht mit einer einmal vorhandenen Recension zu thun, sondern mit einer Familie von Exemplaren, welche sämmtlich als Ἀττικιανά bezeichnet werden [3]).

Ἀττικιανός ist Ableitung von Ἀττικός.

Wer ist nun dieser Ἀττικός?

Schon Hemsterhuis [4]) hatte zu den Worten des Harpocration zwei Stellen aus Lucian's Schrift πρὸς τὸν ἀπαίδευτον verglichen.

„Du meinst", redet Lucian den Büchernarren am Anfange seiner Schrift an, „es gehöre zur Bildung, recht viele Bücher zusammen zu kaufen. Allein gerade dadurch zeigst du deine ἀπαιδευσία. Du bist ein Fund für Fälscher und ein Schatz für Bücherkrämer; ἢ πόθεν γάρ σοι διαγνῶναι δυνατόν, τίνα μὲν παλαιὰ καὶ πολλοῦ ἄξια, τίνα δὲ φαῦλα καὶ ἄλλως σαπρά, εἰ μὴ τῷ διαβεβρῶσθαι καὶ κατακεκόφθαι αὐτὰ τεκμαίροιο καὶ συμβούλοις τοῖς σέας ἐπὶ τὴν ἐξέτασιν παραλαμβάνεις, ἐπεὶ τοῦ ἀκριβοῦς ἢ τοῦ ἀσφαλοῦς ἐν αὐτοῖς τίς ἢ ποία διάγνωσις; ἵνα δέ σοι δῶ αὐτὰ ἐκεῖνα κεκρικέναι, ὅσα ὁ Καλλῖνος ἐς κάλλος ἢ ὁ ἀοίδιμος Ἀττικὸς σὺν ἐπιμελείᾳ πᾶσῃ γράψαιεν, σοὶ τί ὄφελος, ὦ θαυμάσιε ...

---

[1]) Harpocr. 32, 15. Zu de falsa leg. § 99. ib. 99, 2. Zur Ktesiphontea § 122.

[2]) Bei Ch. Daremberg fragment du commentaire de Galien sur Timée. Paris 1848 p. 12.

[3]) Die Demosthenesausgabe speciell kann Dionysius von Halicarnass nicht benutzt haben. Dies ist erwiesen von W. Christ in seinem Aufsatz: Die Atticusausgabe des Demosthenes. Abh. der bair. Acad. Philos.-philol. Kl. XVI, 3. Abth. p. 153—235 (d. J. 1882).

[4]) anecd. I, 24, nach ihm Schneidewin Philol. III, p. 126 sq.

Callinus und Atticus gehören in frühere Zeit. Beide werden als Urheber alter, guter Abschriften erwähnt. Dem ersten gehört das Attribut κάλλος, dem zweiten wird ἐπιμέλεια ἡ πᾶσα zugeschrieben.

Speciell zu κάλλος stimmt das sonst unbedeutende Scholion z. St. καλλιγράφοι οὗτοι γεγόνασιν ἄριστοι.

§ 21 der gleichen Schrift werden wiederum die βιβλιογράφοι Callinus und Atticus genannt.

Wir haben einerseits einen ἀοίδιμος Ἀττικός, welcher τῇ πάσῃ ἐπιμελείᾳ Abschriften besorgt; andrerseits einen Ἀττικός, der im Verein mit dem Kalligraphen Callinos βιβλιογράφος genannt wird. Vorerst wollen wir uns hüten, auf den Umstand allzu grosses Gewicht zu legen, dass Atticus als Bibliograph auftritt. Es wird unter diesem Ausdrucke nur seine Urheberschaft, nicht seine constante eigenhändige Bethätigung bei der Publication zu verstehen sein.

Dieser Mann ist berühmt, ἀοίδιμος. Er gehört einer früheren Periode an. Darauf macht Christ mit Recht aufmerksam. Wie könnten sonst Motten (σέες, σῆτται) als Anzeichen eines Atticusbuches angeführt werden?

Ist dieser Ἀττικός identisch mit T. Pomponius Atticus? Birt[1] nimmt ohne weitere Beweise einfach die Identität an. Frühere verneinten die Identität, um nicht Lucian „einer gröblichen Unwissenheit" zu zeihen (Christ). Man behauptet, Lucian hätte den Römer T. Pomponius Atticus genauer bezeichnet als mit dem blossen Namen Ἀττικός.

Bei den Römern hiess er einmal schlechtweg Atticus so bei Fronto; eine Uebertragung dieses Sprachgebrauches ins Griechische lässt sich nicht abweisen; sie liegt vor in Plutarch, der T. Pomponius Atticus mehrfach schlechtweg Ἀττικός nennt[2].

Davon abgesehen aber, glauben wir, liessen sich die Ausdrücke Lucians ἀοίδιμος Ἀττικός, βιβλιογράφος auf folgende Weise erklären. Atticianische Ausgaben von Klassikern waren in Umlauf, bemerkbar und ausgezeichnet durch Sauberkeit, Correktheit der Ausführung — und durch gute

[1] p. 281.
[2] = Brut. XXIX. Cicer. XLV.

Textesrecension; dies halten wir fest trotz der Kleinigkeiten, welche Schneidewin gegen diesen Punkt aufgebracht hat.

Diese Exemplare waren entweder ausdrücklich bezeichnet als Ἀττικιανά oder sie verdankten diesen Namen einer mündlichen Tradition. Das Epitheton Ἀττικιανά trennte sich im Laufe der Zeiten von der Person des T. Pomponius Atticus. Man vergass, dass er der Freund des Cicero gewesen war, und sah in jenem Ἀττικός bloss noch den Editor der guten Ausgaben, welche man vor Augen hatte. Schliesslich wurde er einfach βιβλιογράφος genannt. Eine Reminiscenz an die historische Persönlichkeit mag in der Bezeichnung ἀοίδιμος liegen [1]).

Somit gewännen wir festen Boden für jene Ἀττικιανά, die nicht vereinzelt erscheinen, sondern eine Klasse von Abschriften bilden. Sie werden mehrfach als Autorität angerufen. Ausserdem wäre diese Nachricht mit der Aeusserung des Lucian in Einklang gebracht. Wir denken nicht, Atticus habe selbst die Autoren, welche er edirte, kritisch behandelt, in der Weise der Alexandriner, oder wie C. Octavius Lampadio, Valerius Probus [2]) und jene Litteraturfreunde des 4., 5., 6. Jahrhunderts n. Chr., denen wir die dem Mittelalter überlieferten Texte meistens verdanken [3]).

Er wusste sich gute Texte zu verschaffen und theilte sie in seinen Ausgaben dem Publikum mit. Darin lag sein Verdienst.

Eine Frage, die sich hier anreiht, ist, ob und wie weit Tiro Cicero's Editor war. G. Boissier [4]) spricht geradezu von „Tiron et Atticus les deux éditeurs de Cicéron".

Diese Behauptung lässt sich in strengem Sinne nicht halten. In seinen Briefen an Tiro [5]) spricht Cicero wenig von Büchern. Er nennt seinen Freund den ζατών seiner Schriften [6]). Tiro stand ihm in seinen Studien bei. Doch

---

[1]) Analogien fehlen in der Neuzeit nicht. Man spricht von der Cottaischen Ausgabe von Schiller's Werken — und denken die allerwenigsten mehr daran, dass Cotta Schiller's guter Freund war. Er ist nur noch der Buchhändler, Verleger.

[2]) Suet. de gramm. 2, 24.

[3]) Vgl. Wattenbach, Schriftwesen des MA. p. 270 sq.

[4]) recherches p. 27.

[5]) ad fam. XVI.

[6]) ib. XVI, 17

nirgends nur eine Andeutung davon, dass Tiro irgend etwas
ediren solle.

Quintilian erwähnt ihn nur als fraglichen Sammler und
Herausgeber der joci M. Tullii [1]). Bei Gellius werden wiederholt tironische Ausgaben von Cicero's Schriften (Reden)
genannt und benutzt. Wir lesen unter anderem folgendes [2]):
hoc enim scriptum in uno atque altero antiquissimae fidei
libro Tironiano repperi. — In oratione quinta in Verrem, libro
spectatae fidei, Tironiana cura ac disciplina facto. Beidemal
handelt es sich um die fünfte Verrina. Andre Werke des
Cicero, wie die rhetorica, führt Gellius ohne weiteres an.
Es ist bei ihm Regel [3]).

Aus der Specialausgabe citirt er bloss, wo es sich um
eine kritische Schwierigkeit handelt. Andrerseits wird Tiro
nur immer als der Mann genannt, der diligentissimus et
librorum patroni sui studiosissimus, und sein adminiculator
et quasi administer in studiis litterarum war [4]). Er verwendet alle Sorgfalt auf correcte Gestaltung des Textes
und stellte sich eigene Exemplare her, welche nachher ge-
eucht waren.

Er mag nach Cicero's Tode die Herausgabe einzelner
inedita besorgt haben. Verleger und Buchhändler wie Atticus
war er in keinem Falle. Die ciceronischen Schriften, die er
zur Publication zubereitet hatte, übergab er vermuthlich der
Officin des Atticus.

Die nächste uns bekannte Persönlichkeit in der Geschichte des römischen Buchhandels führt uns bereits in die
Kaiserzeit. Unter dem ersten Imperator nahm die Litteratur
den erfreulichsten Aufschwung. Dies bewirkte natürlich auch
die Entwicklung der Publicationsmittel. Für den Buchhandel
können wir ohne Uebertreibung annehmen, dass er sich Anfangs der Kaiserzeit vollständig entwickelt hatte. Dieser
Faktor ging mit der litterarischen Blüthe Hand in Hand.

Vergil's Aeneis wurde durch Varius und Tucca edirt.
Diese Nachricht ist so zu verstehen, dass das Manuscript

[1]) I. O. VI. 3. 3.
[2]) n a XIII, 21. 17 und I, 7, 1.
[3]) cf den orator in n. a. XV, 3. Brutus in XII, 2. 4; XI. 2. 4.
[4]) XV, 6. 2 und VI. 3. 4.

einem Buchhändler zur Vervielfältigung und Verbreitung übergeben wurde.

Horaz spricht mehrmals von seinem Buchhändler. Es waren die Brüder Sosii. Sie machten fürwahr keine schlechten Geschäfte.

> Vertumnum Janumque, liber, spectare videris,
> Scilicet ut prostes Sosiorum pumice mundus,

so redete Horaz [1]) sein erstes Buch Episteln an.

Die Sosii wohnen in der Nähe des Janusdurchgangs, im vicus Tuscus [2]).

Seneca [3]) erzählt von einem librarius Dorus, welcher als emptor die Werke Cicero's beanspruche, dieselben sein nenne. Dieser Dorus mag [4]) den Verlag der ciceronischen Schriften käuflich von Atticus oder seinen Nachkommen erworben haben. Wir begnügen uns mit der Annahme, dass er die Originalexemplare des Atticus sich angeeignet hatte.

Derselbe Buchhändler hatte auch die Geschichte des Livius im Verlag [5]).

Quintilian lebte in alltäglichem Verkehr mit seinem Verleger Tryphon [6]) und gab seine Institutio oratoria auf dessen dringendes Bitten heraus. Der citirte Brief zeigt deutlich, dass Tryphon dem Quintilian ein lieber und werther Freund war, den er je wissen liess, woran er arbeitete [7]).

Derselbe Mann war auch Verleger Martial's [8]). Ausserdem waren Martial's Epigramme in mehreren Läden zu haben, so bei Secundus, dem Freigelassenen des Lucensis [9]), bei Atrectus [10]). Q. Valerianus Polius verlegte die Jugendgedichte.

---

[1]) ep. I, 20, 1 sq.

[2]) Auf ihre Taberne ist hingewiesen sat. I, 4, 71. cf. ep. II, 3, 345.

[3]) benef. VII, 6.

[4]) So Th. Birt. ant. Buchw. 358 n. 2.

[5]) Senec. ib.: sic potest T. Livius a Doro accipere aut emere libros suos.

[6]) Efflagitasti cotidiano convicio ut . . . ep. ad Tryph.

[7]) ep. ad Tryph.: Nam ipse eos nondum opinabar satis maturuisse quibus componendis, ut scis, paulo plus quam biennium tot alioqui negotiis districtus impendi.

[8]) Mart. IV, 72; XIII, 3.

[9]) I, 2, 3.

[10]) I, 117.

Wir werden später untersuchen, wie sich diese vier Buchhändler unter einander und zum Autor (Martial) verhielten. Man könnte diese Untersuchung streng genommen schon hier vornehmen. Doch bildet sie einen Ring in einer Kette von Erörterungen, welche wir im 3. Abschnitt über das Verhältniss zwischen Autor und Editor geben werden. Die betreffende Untersuchung ist ganz specieller Natur und wäre, hier angebracht, aus ihrem Zusammenhang losgerissen.

Einen Buchhändler Demetrius führt Athenaeus [1] an, der sich unserer Kenntniss ganz entzieht; ebenso der inschriftlich constatirte bibliopola Marcus Ulpius Dionysius [2].

Ueber die Orte in Rom, wo der Buchhandel am regsten war, geben uns besonders Horaz, Martial und Gellius Aufschluss.

Wo die Sosii wohnten, ist schon oben gesagt worden. Martial's Epigramme wanderten in die Buden am Argiletum [3], im templum Pacis [4], auf dem forum Palladium. Später scheint sich der Buchhandel in den Sigillaria concentrirt zu haben [5].

Der Buchhändler verstand es, seinen Laden recht aufzuputzen. Auf dem Ladentisch waren die Novitäten ausgestellt. Die Passanten, der Bibliophil wie der schlichte Bürger, sahen sich die Sachen an; es wurde disputirt und kritisirt. An den Thürpfosten oder an den Säulen, wenn eine Porticus da war, waren die Titel der erschienenen oder erscheinenden Bücher angeschlagen [6]. Man konnte die Laute leicht durchfliegen und forderte vom tabernarius z. B. ein Exemplar von Martial [7].

> Contra Caesaris est forum taberna
> Scriptis postibus hinc et inde totis,
> Omnes ut cito perlegas poetas.
>
> . . . .

---

[1] XV, 13.

[2] Fabretti X. 354 (von Schmitz citirt); auch bei Orelli 4154.

[3] I, 117.

[4] I, 2, 3.

[5] Gell. V, 4, 1.

[6] Hor. sat. I, 4, 71 (pilae); ep. II, 3, 373 (columnae); Mart. I, 117, 11 (postes).

[7] I, 117, 10 sqq

15 de primo dabit alterove nido
rasum pumice purpuraque cultum
Denaris tibi quinque Martialem.

Der Buchhändler hat also auf Fächern seinen Vorrath geordnet. Auf den ersten (obersten) liegen beliebte Artikel, die Tagesneuigkeiten: so Martial's Epigramme in zierlichem Einbande. Wenig verlangte Werke liegen tiefer und tiefer, oder im Hintergrund. Martial beansprucht in der Bibliothek eines Freundes nur den untersten Platz [1]):

hos nido licet inseras vel imo.

Es ist kein Grund, anzunehmen, dass jeder tabernarius seinen eigenen Verlag hatte oder gar nur seine eigenen Verlagsartikel vertrieb. Im Gegentheil Wir haben schon oben Sortimentsbuchhändler constatirt, welche eine Anzahl Exemplare auf Commission übernahmen und verkauften.

Mit dem Laden stand wohl gewöhnlich die Officin in Verbindung. Unter Umständen mag beides in einem Raum vereinigt gewesen sein.

Das Personal einer Buchhändlerofficin theilte sich — dies bringt die Natur der Sache mit sich — in zwei Hauptklassen von Arbeitern. Es bestand aus Sklaven, welche beschäftigt wurden:

1. mit Abschreiben,
2. mit Einbinden der Rollen.

Die ersten, die eigentlichen librarii, mussten natürlich eine gewisse Lehrzeit durchgemacht haben. Es kam ja sehr viel darauf an, ob der Bibliopola gutgeschulte, sorgfältige Arbeiter hatte. Atticus hatte sich die seinigen selbst gebildet.

Nicht so wichtig und leichter war die Arbeit der Glutinatores, welche die Rollen „einbanden". Sie leimten die Blätter zusammen, befestigten die Rollstäbchen (umbilici), polirten (modern „tranchirten") die fertigen Rollen und versahen sie mit index und membran.

Freilich fällt vielleicht — so wird wenigstens von wohl unterrichteter Seite behauptet — ein gut Theil dieser Arbeiter in die Buchfabrik [2]).

---

[1]) VII, 17, 5.
[2]) Wir verweisen hierüber auf den ersten Excurs im 4. Abschnitt.

Nach diesen Vorbemerkungen fragen wir:

Wie geht die Edition eines Werkes vor sich?

Unsere Betrachtung theilt sich von selbst in zwei Abschnitte, deren erster die Vervielfältigung, und deren zweiter die Verbreitung des Buches zum Gegenstand haben wird.

Alle Abschreiber werden ans Werk gesetzt. Doch welches ist das Verfahren bei der Vervielfältigung; nach welchem System werden die Hunderte von Abschriften hergestellt?

In früherer Zeit, bei kleinen Buchhändlern, bei Herausgabe von weniger ziehenden Schriften, wird man Exemplar um Exemplar abgeschrieben haben.

Freilich wird diese Art der Vervielfältigung für die gesteigerten Bedürfnisse der Kaiserzeit nicht mehr genügt haben. Man soll dann das Schreiben nach Diktat eingeführt haben: dies die herkömmliche Annahme. So konnten allerdings eine grössere Anzahl von Exemplaren gleichzeitig verfertigt werden und es war die Möglichkeit einer schnelleren Publication gegeben.

Immerhin ist uns keine bestimmte Nachricht über Anwendung und Bevorzugung des einen oder anderen Systems erhalten. Wir wissen, streng genommen, nicht, ob das zweite wirklich je Aufnahme fand.

In der Correspondenz des Cicero kommt für die Thätigkeit des eigentlichen „Abschreibens" nur ein Ausdruck vor: describere [1]. Describere bedeutet Abschreiben; nicht „nach Diktat schreiben" [2]. Ein andrer terminus findet sich nicht.

Uebrigens wird nirgends, meines Wissens, auf jene zweite Art der Vervielfältigung nur angespielt. Wir haben keine Andeutung davon, dass in der Buchhandlung mehrere Exemplare zu gleicher Zeit nach Diktat verfertigt worden seien. Auch setzt dieses System eine gründlichere Bildung des Schreibers voraus. Für die Correktheit der Abschriften war aber auch dann im besten Fall nur annähernd gesorgt.

Darum bezweifeln wir, dass das Schreiben nach Diktat im alten Rom je in Anwendung gekommen sei.

Wurde Bogen um Bogen vollgeschrieben, so konnte die Zahl der beschäftigten Schreiber leicht vermehrt werden.

---

[1] ad Att XIII, 13, 1 21, 4 b. — trans scribere Plin. ep. IV, 7, 2.
[2] Eine Uebertragung liess sich immerhin denken.

Man brauchte nur die Originalrolle in scapi[1] zu zerschneiden. Dann konnten, je nach den Umständen, 5, 10, 15 librarii gleichzeitig an einem Exemplar arbeiten. Die Zahl der Abschreibenden konnte mit der Vermehrung der Abschriften verdoppelt und verdreifacht werden. So ging die Arbeit von Statten und in verhältnissmässig kurzer Zeit waren zahlreiche Exemplare fertig geschrieben. Da setzten die Glutinatores ein.

Noch weniger Anhaltspunkte bieten uns die Quellen für die Lösung einer weiteren Frage:

In wie viel Exemplaren wurde das zu edirende Werk abgeschrieben? wie stark pflegten Auflagen zu sein?

Eins ist sicher. Wir dürfen unseren modernen Begriff „Auflage" nicht ohne Weiteres auf das antike Buchwesen übertragen. Unsere Art, ein Buch zu publiciren, ist ja so grundverschieden von derjenigen der Alten. Andrerseits haben wir schon oben davor gewarnt, unter Edition den allmählichen Uebergang einer Schrift aus den Händen des Autors und seiner Freunde in diejenigen des grossen Publikums zu verstehen.

Doch, wie gesagt, wir haben über diesen Punkt keine massgebende Nachricht. In den zahlreichen Berathungen zwischen Cicero und Atticus wird nie die Frage aufgeworfen oder nur berührt: wie stark soll die Auflage sein, wie viele der Abschriften?

Wir wissen nichts von einem Vertrag, der, wie heute, die Zahl der Exemplare bestimmt hätte.

Wir können kaum fehl gehen, wenn wir aus diesem Umstand folgern, dass eben dieser Punkt für den römischen Autor die Wichtigkeit nicht hatte, die er heutzutage hat.

Uebrigens war es die Sache des Buchhändlers, je nach den Umständen eine kleinere oder grössere Ausgabe zu veranstalten. Der betreffende Entschluss hing gewiss sehr von der Aufnahme ab, die das Buch fand, und, um dies zu erfahren, musste man zunächst mit einer beschränkten Zahl von Exemplaren den Boden sondiren.

---

[1]) Ueber diesen terminus ist der 1. Excurs im 4. Abschnitt zu vergleichen.

Ein einziger Fall bietet uns Zahlen — und zwar nur eine Zahl.

Regulus liess den Nekrolog seines früh verstorbenen Sohnes in 1000 Exemplaren verbreiten[1]. Mag man auch aus dieser Angabe keinen allgemeingültigen Massstab entnehmen — es ist für Erklärung der Zahl 1000 jedenfalls auch die tiefe Trauer des Vaters in Rechnung zu bringen — so gibt sie uns doch einen Begriff von der Sache, nach welcher wir suchen.

Um ein Libell einigermassen unter die Leute in Stadt und Provinz zu bringen, bedurfte es nicht weniger als 1000 Exemplare. Und wenn Martial uns wiederholt bezeugt, dass seine Gedichte in alle Welt herumkamen[2]), so ist für eine Auflage derselben die Zahl von 1000 Exemplaren kaum zu hoch gegriffen.

Cicero wirft einmal dem Atticus vor[3]), frühzeitig ein Exemplar abgetreten zu haben. Es musste eben zuerst eine gewisse Anzahl (etwa 100) von Abschriften fertig sein. Erst dann konnte der Vertrieb des Buches beginnen.

Auf eine nicht zu kleine Quantität von Exemplaren lässt jedenfalls eine Aeusserung Cicero's schliessen[4] : da igitur quaeso negotium Pharnaci, Antaeo, Salvio, ut id nomen ex omnibus libris tollatur. Wenn man zur Tilgung eines einzigen „Druckfehlers" 3 librarii ans Werk setzen muss, so setzt dies schon eine bedeutende Zahl von Abschriften voraus.

Dass Schreibfehler vorkommen mussten, ist natürlich. Mancher der librarii mag nicht alle nöthige Bildung gehabt, nicht alle Sorgfalt angewendet haben. Ein Schreiber, der das Unglück hatte, denselben Fehler wiederholt zu machen, wurde bestraft:

Ut scriptor si peccat idem librarius usque,
Quamvis est monitus, venia caret[5]).

---

[1] Plin ep IV, 7, 2 eundem (librum sc.) in exemplaria mille scriptum per totam Italiam provinciasque dimisit

[2] cf. VIII, 61, 3: spargor per omnes Roma quas tenet gentes.

[3] ad Att. XIII, 21, 4

[4] ad Att XIII, 44, 3.

[5] Hor. ep. II. 3, 354 sq.

Cicero liess die Abschriften seiner librarii nachträglich noch corrigiren [1]).

Dem Buchhändler kann man es nicht zumuthen, dass er sämmtliche Exemplare einer Auflage noch hätte corrigiren sollen.

Th. Birt spricht [2]) von einer Correktur jedes einzelnen Apographums. Die Stelle, auf welche er verweist, ist aber nicht massgebend. Cicero schreibt nämlich an Atticus [3]): Scripsit enim Balbus ad me se a te quintum de Finibus librum descripsisse, in quo non sane multa mutavi, sed tamen quaedam. Tu autem commode feceris, si reliquos continueris, ne et ἀδιόρϑωτα habeat Balbus et ἔωλα Brutus. Balbus hat ja das Buch selbst abgeschrieben; es kann sich nicht um das sogen. „Correkturlesen", welches an den Exemplaren des Buchhändlers vorgenommen wird, handeln Cicero hatte an seiner Schrift noch einige Modificationen angebracht; diese sollte Atticus nun auch berücksichtigen.

Bei der Publication eines Martial vollends wird es mit der Correktur der Abschriften nicht allzu genau genommen worden sein. Darum wird er öfter um die Gefälligkeit gebeten, einen Band seiner Gedichte zu corrigiren [4]); ob freilich die zu corrigirenden Exemplare aus der Buchhandlung stammten, bezweifeln wir für das citirte 11. Epigramm des 7. Buches. Wir verneinen diese Frage für folgendes Gedicht [5]):

Hos nido licet inseras vel imo,
Septem quos tibi misimus libellos
Auctoris calamo sui notatos:
Haec illis pretium facit lituram.

Martial hat die Exemplare, die er zu Geschenken verwendete, gewiss nicht aus der Buchhandlung bezogen.

Noch heute kommt es vor, dass, wenn der Druck schon vollendet ist, nachträgliche Correkturen angebracht werden. In gleicher Weise lässt Cicero [6]) eine „Verbesserung",

---

[1]) ad Att. XIII, 23, 2.
[2]) Ant. Buchw. p. 355.
[3]) XIII, 21, 4.
[4]) VII, 11. 17.
[5]) VII, 17; cf. v. 5 sqq.
[6]) ad Att. XII, 5, 3: hunc igitur locum expedies.

die er auf Atticus Rath vorgenommen hatte, wieder beseitigen. Ein andres Mal[1]) fragt er seinen Freund etwas schüchtern, ob er Zeit hätte, den Orator durchzulesen[2]). Er möchte den Namen „Aristophanes" an Stelle von „Eupolis" setzen. Es handelt sich um einen fälschlich dem Eupolis zugeschriebenen Ausspruch[3]). — Schon bekannt ist die Geschichte vom Prooemium zum 3. Buche der Academica[4]).

Bisweilen kommen solche Wünsche zu spät. Das Buch ist bereits dem Publikum übergeben[5]).

Wir erinnern uns an das Bild des Buchhändlerladens, welches oben skizzirt wurde. Wenn eine Novität erschien, dann wurde der Titel und Preis derselben durch Anschlag bekannt gemacht.

Für den Vertrieb der Exemplare bedient sich der Verleger der Sortimentsbuchhändler.

Der Verleger ist verpflichtet, nachträgliche Correcturen auch in den Lagerexemplaren seiner tabernarii besorgen zu lassen[6]).

Doch das Buch durchwandert Italien, gelangt nach Griechenland, wo ein ausgebildeter Buchhandel seine Verbreitung auf griechischem Boden bald fördert[7].

Dass litterarische Erscheinungen der Kaiserzeit ihren Weg über das ganze Reich fanden, ist eine uns mehrfach bezeugte Thatsache. Horaz weissagt guten Büchern, dass sie über das Meer kommen werden[8]):

hic (liber) et mare transit

Et longum noto scriptori prorogat aevum.

Martial nennt sich gleich im Anfang des ersten Buches toto notus in orbe[9]). Er rühmt sich, dass man ihn in Britannien, Germanien, Gallien lese[10]).

[1] ib. 6, 8.

[2] Zu beachten, dass Atticus das ganze Buch durchlesen muss, um dem Fehler auf die Spur zu kommen.

[3] Cic. or. c. 29.

[4] ad Att. XVI, 6, 4.

[5] Aehnliches finden wir ad Att. XIII. 20, 3

[6] Cf. ad Att. XII. 6, 3.

[7] Cic ad Att. II, 1, 2.

[8] ep II, 3, 346.

[9] cf. V, 13, 3, und toto legar orbe frequens. VIII, 61, 3: non pauci quod orbe cantor et legar toto.   [10] XI, 3.

Es klingt allerdings anders, wenn Horaz seinen liber[1]) gerade mit der Drohung von der Edition schrecken will, er werde, wenn Rom seiner satt sei, in die Provinz weggeschickt werden:

v. 10 Carus eris Romae, donec te deserat aetas
Contrectatus ubi manibus sordescere volgi
Coeperis aut tineas pasces taciturnus inertes.
Aut fugies Uticam, aut vinctus mitteris Ilerdam.

Daraus folgt nicht etwa, dass man bloss abgenutzte Exemplare in die Provinz versendete. Aber auch die Annahme, dass die Provinzen mit dem gespeist wurden, was die Hauptstadt nicht kaufte und las, ist nicht begründet[2]).

Aus der horazischen Stelle lässt sich bloss so viel entnehmen, dass von Werken, welche in Rom keinen Absatz mehr fanden, die restirenden Exemplare in die Provinz abgeschoben wurden. Doch heisst das, dass die Provinzen überhaupt mit dem gespeist wurden, was Rom nicht mehr wollte?

Wie könnte dann Horaz einem guten Buche nachrufen?
hic et mare transit.
Wie würde Martial sich rühmen können, dass er in aller Welt gelesen wird?

Nein! Werke, welche für das grosse Publikum nicht mehr zogen, trat man zu reducirten Preisen der Provinz ab. Zeitgemässe Publicationen aber erhielt die Provinz gewiss nicht lange nach der Hauptstadt. Den Versand seiner Gedichte deutet Martial öfter an[3]).

Der Verleger versendet Exemplare nach den Provinzen, natürlich an Mittelpunkte, wo sich das geistige, litterarische Leben der Hauptstadt wiederspiegelt. Dort waren auch Buchhändler etablirt, welche unter Umständen für ihre Gegend den weiteren Verlag besorgen konnten. Plinius

[1]) ep. I, 20.
[2]) Diese Ansicht vertritt z. B. Friedländer, Sittengesch. III, 300. Milder ist der Ausdruck bei Th. Birt p. 362 gewählt: „die überschüssigen Exemplare von Werken, die in der Hauptstadt aus der Mode waren, wanderten in die Provinzen."
[3]) XII, 3: ad populos mitti qui nuper ab urbe solebas. Ibis, io, Romam nunc peregrine liber. cf. VIII, 61 sq.

berichtet [1]), dass in Lugdunum mehrere Buchhändler waren, welche seine Werke verkauften: Bibliopolas Lugduni esse non putabam ac tanto libentius ex litteris tuis cognovi venditari libellos meos, quibus peregre manere gratiam quam in urbe collegerint delector. Ebenso musste auch in Vienna ein lebhafter Buchhandel sein, wenn dort Jedermann Martial's Epigramme las [2]):

Fertur habere meos, si vera est fama, libellos
Inter delicias pulchra Vienna suas.
Me legit omnis ibi senior juvenisque puerque.

---

[1]) ep. IX. 11. 2.
[2]) Mart. VII. 88.

III. Das Verhältniss zwischen Autor und Editor.

Aut prodesse volunt aut delectare poetae,
Aut simul et jucunda et idonea dicere vitae.

Hor.

Wir haben gesehen, wie der Autor arbeitet; seine eigenen Mittheilungen haben uns gestattet, einen Blick in seine schriftstellerische Thätigkeit zu werfen. Hernach haben wir gesucht, über die Functionen des Buchhändlers, über Entwicklung und Ausbildung des römischen Buchhandels möglichst ins klare zu kommen. Wir haben uns dadurch gewisser Thatsachen versichert. Es bleibt uns noch zu untersuchen, wie sich Autor und Verleger, der Schriftsteller und der Buchhändler zu einander verhielten. Wir präcisiren die Frage:

> War das Verhältniss zwischen Autor und Verleger ein contraktliches? Bezog der Autor ein Honorar für die Werke, die er ediren liess? Wenn ja, in welcher Form wurde ihm dieses Honorar entrichtet?

Wir Modernen sprechen von Verlagsrecht. Wir verstehen darunter die ausschliessliche Berechtigung, ein Erzeugniss der Wissenschaft oder Kunst zu vervielfältigen und in den Handel zu bringen. Die Form, in welcher das Verlagsrecht im praktischen Leben figurirt, ist der Verlagsvertrag

Durch denselben erwirbt der Autor das Recht, den Druck und die buchhändlerische Verbreitung des Werkes zu verlangen. Der Verleger hingegen ist einzig berechtigt zur Vervielfältigung des Werkes und zum Vertrieb der Exemplare.

Der Contrakt setzt ausserdem fest, ob eine Honorirung stattzufinden habe und wie hoch der Betrag derselben sein solle.

Gesetzliche Bestimmungen über diesen Gegenstand zu geben, war erst der neuesten Zeit vorbehalten. Es sind aber auch jetzt noch nicht alle civilisirten Länder damit beglückt.

Die Veranlassung zur Anerkennung des Verlagsrechts bot eigentlich erst die Erfindung der Buchdruckerkunst. Weder Alterthum noch Mittelalter kannten ein Rechtsverhältniss zwischen Autor und Verleger.

So lange das Abschreiben das einzige Mittel der Bücherverbreitung war, konnte von Schutz des litterarischen Eigenthums keine Rede sein. Denn dieses Mittel, sich ein Buch anzueignen, war Jedermann an die Hand gegeben.

Diese Art der Veröffentlichung war eine langsame, kostspielige und eignete sich nicht für Speculationen. Erst die Buchdruckerkunst gewährte dem Autor ein leichtes Mittel, aus seinen Werken materiellen Nutzen zu ziehen, indem er dieselben zur Publication einem Verleger gegen Honorar übertrug.

Erst dann wurde das Bedürfniss einer Regulirung dieses Verhältnisses zwischen Autor und Verleger empfunden. Diesem Bedürfniss entsprechen die modernen Gesetze über Verlags- und Autorrecht.

Man kann also, allgemein betrachtet, im römischen Alterthum von Verlagsrecht im juristischen Sinne des Wortes nicht reden.

Immerhin liesse sich denken, dass der Autor mit dem Verleger sich über gewisse Punkte privatim vereinbarte, dass z. B. der Verleger dem Autor Honorarzahlung leistete.

Wir wollen näher zusehen. Unser Urtheil wird sich emag nach den Mittheilungen der Autoren selbst richten.

Die aufgeworfene Frage ist von jeher Gegenstand reger Aufmerksamkeit, zum Theil sogar lebhafter Debatte gewesen.

Soviel uns bekannt, ist das Verhältniss zwischen Autor und Verleger an folgenden Orten, mit mehr oder weniger Ausführlichkeit besprochen:

Manso, vermischte Abhandlungen u. Aufsätze. Breslau 1821 p. 277 ff.

A. Schmidt, Geschichte der Denk- u. Glaubensfreiheit p. 138 ff.

L. Preller bei Pauly, Realencyclopädie s. v. libri.

Fr. Schmitz, de bibliopolis Romanorum p. 12 f.

Becker, Gallus, mit Zusätzen von Rein; II. Göll. vgl. auch des letzteren Programm: Ueber Buchhandel bei Griechen und Römern.

Marquart, Privatleben der Römer p. 506.

Bernhardy RLG. Note 46 (1872).

Th. Birt, ant. Buchw. p. 343 ff.

Nicht zugänglich war uns der Aufsatz von Riemann in den 'Εστία 1878 Nr. 11: περὶ τῶν βιβλίων καὶ τῆς διαδόσεως αὐτῶν παρὰ τοῖς ἀρχαίοις.

Es empfiehlt sich nicht, die über diesen Gegenstand geäusserten Ansichten jetzt gleich zu classificiren und zu prüfen, und dann erst unseren eigenen Standpunkt zu erörtern. Wir schlagen den umgekehrten Weg ein. Wir ziehen die antiken Quellen zu Rathe, widmen denjenigen Autoren, welche über ihr Verhältniss zu ihrem Verleger etwas haben verlauten lassen, je eine Specialuntersuchung. Dabei werden namentlich zwei Punkte in Betracht kommen:

1. Sprechen die Verhältnisse im Allgemeinen für Annahme einer Honorirung?
2. Finden sich Stellen vor, welche für oder gegen Honorirung sprechen?

Die Debatte hat sich vornehmlich um Martial concentrirt: so werden auch erst dort die Ansichten der Früheren zur Besprechung gelangen.

1. Cicero und Atticus [1]).

Varro meldete einmal dem Cicero, er wolle ihm den 3. Theil seines Werkes de lingua latina widmen [2]): Varro mihi denuntiaverat magnam sane et gravem προσφώνησιν [3]) und die προσφώνησις geschah. Cicero wollte nicht zurückbleiben und bereitete sich in aller Stille und Musse vor, seinem Freunde eine Gegendedication darzureichen: αὐτῷ τῷ μέτρῳ καὶ λώϊον schreibt er schalkhaft an Atticus [4]).

---

[1]) Zahlcitate beziehen sich auf Cic. ad Att. (ed. J. C. G. Boot. in zwei Bänden. Amstelodami 1865).

[2]) Die vier ersten Bücher waren bekanntlich dem Septimius dedicirt; erst im fünften wird Cicero angeredet.

[3]) Cic. ad Att. XIII, 12, 3.

[4]) ad Att. ib.

Da erfuhr er durch Atticus, Varro sei ungehalten darüber, dass ihm Cicero keine seiner Schriften widme; er beneide andre, denen diese Ehre zu Theil werde. Cicero möchte sich daher beeilen, auf Varro's Dedication auf irgend eine Art zu erwidern. Cicero, den Rath seines Freundes befolgend, entschloss sich, dem Verfasser des Werkes de lingua latina seine damals noch ganz frischen Academica zu widmen, genauer, sie auf seinen Namen zu übertragen. Die früher in Aussicht genommene Anrede an Catulus und Lucullus wurde fallen gelassen [1]).

Die Academica priora waren damals noch nicht zur Edition gelangt. Wenn das Publikum sie schon gekannt hätte, hätte Cicero sich wohl gehütet, jene Veränderung vorzunehmen. Quintilian will zwar wissen, dass die Edition schon geschehen war [2]).

Allein wir wissen nicht, was Cicero hätte verdammen sollen. Zur Umarbeitung entschloss er sich rein aus Rücksicht für Varro. Quintilian kannte den Sachverhalt vielleicht nicht genau. Es mögen Exemplare der Academica priora unter seine Augen gekommen sein, und er glaubte darum sie seien schon edirt gewesen — worin er eben nicht Recht hatte.

Wie die Umarbeitung geschah, sagt uns der 13. Brief des XIII Buches ad Atticum: „Aus 2 Büchern habe ich 4 gemacht, grandiores sunt omnino, quam erant illi, sed tamen multa detracta".

Diese libri haben nunmehr als Gesammtheit (omnino im Ganzen) grösseren Umfang. Diese neue Bearbeitung lag Cicero fertig vor, als er den citirten Brief schrieb [3]). Er muss sie erst zur Vervielfältigung an Atticus schicken. Die neuen Exemplare aus Atticus' Officin werden eleganter, handlicher, kurz besser, bequemer sein; sie versprechen

[1]) XIII. 12, 3: ad Varronem transferamus . Catuli et Lucullo ablata reponemus

[2]) J. O. III 6, 64 et 64. Tullius non dubitavit aliquos jam editos libros alio partu scripto ipse demere sicut Catulum atque Lucullum.

[3]) Libri quidem ita exierunt ... ut in tali genere ne apud Graecos quidem simile quicquam Tu illam jacturam feres aequo animo, quod illa, quae habes de Academica fratre descripta sunt; multa tamen haec sunt splendidiora, breviora, meliora. XIII. 13, 1.

raschen Absatz — wie Atticus sehen wird: daher das fut. erunt.

Somit sind wir über die Bedenken, welche gewisse Commentatoren gegen den Tempuswechsel in exierunt und erunt erhoben, hinweg [1]).

Die Geschichte der Academica wirft ein bestimmtes Licht auf die Verhältnisse im Allgemeinen.

Atticus hat bereits begonnen, ein Werk des Cicero zu vervielfältigen. Der Autor nun arbeitet das nämliche Werk nach seinem Handexemplar um und meldet es erst nach vollendeter Umarbeitung seinem Verleger.

Wenn wir auch ein gut Stück dieser Ungenirtheit auf Rechnung der Freundschaft zwischen den zwei genannten Herren setzen dürfen, so liegt nichts desto weniger diesem Verfahren eine Thatsache zu Grunde. Cicero theilt die vorgenommene Aenderung seinem Verleger ohne weiteres mit. An Atticus, der bereits eine Anzahl Exemplare (descripta) von der ersten Redaction auf Lager hat, ergeht damit die Aufforderung, die neue Ausgabe nun an die Hand zu nehmen. Die descripta kann er jetzt antiquiren. Denn sie dürfen nicht neben der zweiten Auflage in den Handel kommen. Ausserdem war ja bestimmt zu erwarten, dass die neue Bearbeitung bald einzig vom Publikum verlangt würde.

---

[1]) Boot z St. erklärt grandiores sunt durch sententiarum gravitate verborumque splendore illos quatuor priores superant, id quod mox dicit: multo haec erunt splendidiora. Diese Deutung von grandiores liegt nicht nahe; auch zeigen die Worte: sed tamen multa detracta, dass der Begriff der Quantität hier dominire. Ausserdem kann splendidiora nicht auf den Inhalt sich beziehen. Wie wäre sonst das futurum erunt zu erklären?

Th. Birt (p. 354 n. 1) fordert den gleichen Sinn wie wir, kann denselben aber nicht aus dem überlieferten Text bekommen. „Unmöglich richtig ist, was wir zu Anfang des Briefes lesen: ex duobus libris contuli .... detracta Nicht die vier Einzelbücher können jedes grösser sein, als jedes der zwei Einzelbücher ... Es ergiebt sich, dass Cicero geschrieben haben muss: grandior est syntaxis (sunt [axis] cf. XIII. 16, 1) omnino quam erant illi.“ Allerdings Cicero musste so schreiben, wenn grandiores sunt omnino quam erant illi wirklich bedeutet: jedes Einzelbuch ist grösser als jedes der zwei Einzelbücher — wenn omnino nicht in der Bedeutung „im Ganzen“ vorkäme

Auch wäre die Gegenüberstellung von Syntaxis und illi auffallend. — Diese Conjectur ist sinnreich. doch überflüssig.

Atticus erleidet also Schaden.

Wie stellt sich Cicero, der Autor, zu dieser Sachlage?

Er tröstet seinen Buchhändler: „Lass dir es nicht zu sehr zu Herzen gehen; tu illam jacturam feres aequo animo. Es wird das Buch in seiner jetzigen Gestalt raschen Absatz finden und du kommst schon wieder zu deinem Geld" [1]).

Les bons comptes font les bons amis. War nicht zu erwarten, dass Cicero seinem Verleger Schadenersatz leistete?

Ja, gewiss! wenn Atticus zu Cicero in contraktlichem Verhältniss stand, wenn Atticus das Manuscript, das Verlagsrecht der Academica käuflich erworben hatte. Allein Cicero entschädigt seinen Buchhändler mit Trostesworten. Dieser hat eben das Manuscript nicht erkauft. Er trägt den Schaden allein, weil er den Gewinn, den die Publication abwirft, allein bezieht. So könnten wir sofort schliessen. Doch es genügt uns, die Thatsache der Nichthonorirung in diesem Falle zur Evidenz gebracht zu haben.

Doch man könnte gegen unsere Auffassung einwenden [2]), „die zu verkaufenden Exemplare seien selbstverständlich Eigenthum des Bibliopolen". Es wird von Th. Birt verwiesen auf Ausdrücke wie libri tui: XII, 6, 3, und illa quae habeo de Academicis in XIII, 13, 1.

Dass dies eine äusserliche Auffassung dieser Ausdrücke ist, wird der Zusammenhang sofort erweisen.

1. XII, 6, 3: Mihi quidem gratum (est) et erit gratius, si non modo in libris tuis, sed etiam in aliorum per librarios tuos ... reposueris. Diese Stelle ist uns bekannt.

tui libri sind nicht specifisch „die Bücher, welche dein Eigenthum sind, über welche du verfügen kannst" — es sind „die Bücher, die du noch hast, im Gegensatz zu denjenigen der tabernarii".

---

[1]) Bekanntlich gehört Acad. II zur ersten Ausgabe. Man könnte vermuthen, Atticus habe, trotz Erscheinen der 2. Ausgabe, die alten Exemplare anzubringen gesucht. Wir nehmen lieber an, es seien vor Publikation der Academica bereits etwelche Exemplare durch Privatmittheilung unter die Leute gekommen. Auch sonst lässt sich denken, dass die descripta der 1. Auflage von Atticus nicht verkauft, aber auch nicht vernichtet wurden. So mochten seine Erben, oder wer es sonst war, darüber kommen und sie verwenden.

[2]) Im Sinne von Th. Birt p. 353.

2. XIII, 13, 1: tu illam jacturam feres aequo animo,
quod illa quae habes de Academicis, frustra descripta sunt.
illa quae habes sind nicht die Exemplare, deren Eigenthümer
du bist — dann hätte sie ja Atticus gleichwohl verkaufen
können —, sondern es ist „der Theil der Bearbeitung, den
du hast, im Gegensatz zu der neuen, von der du noch nicht
erhalten hast".

Diese Ausdrücke haben also ganz speciellen Bezug: es
lässt sich damit kaum etwas anfangen. Der Autor verfügt,
nach wie vor der Edition, frei über sein Werk. Von einem
durch Contrakt erworbenen Eigenthumsrecht des Verlegers
kann nicht gesprochen werden. Dass die Exemplare, die
der Buchhändler hat anfertigen lassen, ihm gehören, wird
niemand leugnen wollen.

Es wird ferner von Th. Birt behauptet, dass Autor und
Verleger wahrscheinlich die beträchtlichen Unkosten an
Papier gemeinsam trugen; jedenfalls hätten sich Atticus und
Cicero darin getheilt. Cicero sage es ja selbst: XIII, 25, 3:
quoniam impensam fecimus in macrocolla, facile patior teneri.
In ihrem Zusammenhang betrachtet, redet aber diese Stelle
nicht so bestimmt, als Birt will. Es handelt sich um die
Dedication der Academica an Varro. Um diesem möglichst
zu gefallen, hat man das Grossformat (macrocoll) gewählt.
Cicero und Atticus haben sich den diesbezüglichen Kosten
unterzogen.

Ist deshalb anzunehmen, dass die ganze Auflage in
Macrocoll erschien? War es überhaupt rathsam, solch ein
Werk nur in grossen Rollen erscheinen zu lassen? Wir
glauben es nicht.

Dass man für das Dedicationsexemplar, überhaupt für
einen Theil der Auflage (wie es heute noch geschehen mag)
auch ein elegantes Aeussere erstrebte und zu einem grösseren Format griff, ist begreiflich. Die Exemplare für das
gewöhnliche Publikum mochten daneben sehr wohl in ordi-
nären Rollen figuriren. Auch war die Uebertragung von
einem Format ins andre keine schwierige Sache [1]).

Es handelt sich, nach unserer Ansicht, im citirten Briefe [2]

---

[1]) ad Att. XVI, 3, 1.

[2] XIII, 25, 3.

um einzelne Exemplare und darunter das, welches dem Varro überreicht werden sollte.

Cicero war es auch daran gelegen, dass Varro zufriedengestellt würde; darum hatten sich beide für ein grösseres Format entschieden. Auch bezog der Verleger von solcher Schenkung keinen Gewinn; es war also nur billig, wenn Cicero sich an den Kosten betheiligte, welche die Herstellung auf Macrocoll mit sich brachte.

Wir können also nicht behaupten, dass Autor und Verleger, speciell Cicero und Atticus, den Ankauf des Papiers der Rollen) regelmässig und für die ganze Auflage gemeinsam besorgten Die für diese Behauptung beigebrachte Stelle genügt nicht, um uns zu überzeugen.

Demnach erscheint es auch als unwahrscheinlich, dass der Autor von der Edition Gewinn hatte. Die Annahme einer vor der Edition geschehenen Honorirung ist von vornherein abzuweisen.

Nun liesse sich fragen, ob der Autor nicht gewisse Procente bezog, je nach dem Erfolg, den der Buchhändler mit der Publication erzielt hatte. Es ist eine einzige Stelle, welche für diese Ansicht ins Feld geführt werden kann [1]: Ligarianam praeclare vendidisti. Posthac quidquid scripsero, tibi praeconium deferam.

Es sind zwei Erklärungen von vendidisti möglich.

1. Man nimmt es wörtlich, so Th. Birt [2]. Atticus hat die Rede pro Ligario gut verkauft; das ist dem Cicero Motiv, ihm in Zukunft die Veröffentlichung aller seiner Schriften zu übertragen.

Diese Auffassung empfiehlt sich auf den ersten Blick. Sie hat den gewöhnlichen Sprachgebrauch für sich.

Es wäre dies im gesammten Briefwechsel zwischen Autor und Verleger die einzige Andeutung auf ein vertragsmässiges Verhältniss zwischen beiden, auf pecuniären Gewinn, den der Autor bezog.

Schon die Isolirung dieser Angabe will uns nicht gefallen. Ausserdem konnte Cicero dem Atticus nicht dafür danken, dass er die Rede so gut verkauft hatte. Der Buch-

[1] XIII. 12. 2.

[2] p. 350

händler kann sich nur empfehlen; bloss durch Reklame gelingt es ihm, Käufer herbeizulocken.

Hatte Cicero nicht schon vorher seine Schriften durch Atticus publiciren lassen, dass er jetzt erst ihm feierlich erklären sollte: du bist nun in Zukunft mein Verleger!

Endlich kann man praeconium nicht, ohne Belege beizubringen, die Bedeutung von „Publication" zutheilen.

Wir wenden uns zur

2. Erklärung: vendere — venditare, empfehlen. Es werden für diesen Gebrauch von venditare bei Cicero zwei Stellen citirt: I, 16, 16 und VIII, 16, 1.

vendere im Sinn von venditare finden wir bei Horaz [1]):

Injuste totum ducit venditque poema.

Krüger bemerkt dazu: „Klar ist die bildliche Bedeutung von vendit, aus welcher sich auch auf eine ähnliche Bedeutung des bildlich gebrauchten ducit schliessen lässt; doch ist ungewiss, woher das Bild entlehnt sei." Krüger führt als Parallele unsere Stelle [2]) an.

Es sind zwei Erwägungen, die uns zu dieser bildlichen Auffassung von vendit bewegen.

Es ist Cicero Nebensache, ob seine Werke schönen Gewinn abwerfen. Er kümmert sich offenbar gar nicht um den materiellen Erfolg seiner Schriften [3]). Dies schliessen wir aus seinem vollkommenen Schweigen über derartige Dinge.

Wir glauben vielmehr, dass Cicero an genannter Stelle dem Atticus ein ganz andres Lob ertheilt, dass es sich um etwas ganz andres handelt, als um ein Buchhändlergeschäft.

Cicero hatte für den verbannten Pompejaner Ligarius eine öffentliche Vertheidigungsrede verfasst [4]). Diese wurde, speciell bei Caesar, gut aufgenommen. Atticus hatte die Rede empfohlen. Ueber diesen Erfolg freut sich nun Cicero und macht dem Urheber desselben ein Compliment. Wir erfahren nachher wirklich, dass es sich um die commendatio

---

[1]) ep. II, 1, 75.
[2]) ad Att. XIII. 12.
[3]) Wie sollte er es vollends thun bei Anlass einer oratiuncula, die ohnehin nicht viel einbringen mochte!
[4]) Man lese die 2 Briefe an Ligarius ad fam. VI, 13 und 14.

des Plaidoyer handelte. Man lese nur [1]): Ligarianam, ut
video, praeclare auctoritas tua commendavit. Scripsit enim
ad me Balbus [et Oppius, de] Boot] mirifice se probare, ob
eamque causam ad Caesarem iam se oratiunculam misisse.
Hoc igitur idem tu mihi antea scripseras.

Zu beachten ist auch der beiden Stellen gemeinsame
Gebrauch von praeclare. Dieses Adverb passt zum Begriffe
„empfehlen" vortrefflich: während praeclare vendere „herr-
lich verkaufen" uns etwas befremdet. Für die Auffassung
„vendere — empfehlen" spricht auch praeconium. Somit
sind wir der Nothwendigkeit enthoben, in praeconium ein
Synonym von publicatio zu suchen.

Nach unserer Ansicht also ist die Stelle XIII, 12, 2 für
die Entscheidung der Honorarfrage nicht zu verwenden.

Das Verhältniss zwischen Cicero und Atticus ist ein
freies, ungezwungenes [2]. Cicero schickt seine Werke an
Atticus. Diesem steht es frei, die Edition zu übernehmen [3]).

Hat der Buchhändler einmal die Herausgabe über-
nommen, so ist er doch immer verpflichtet, weitere Ordres
des Autors zu gewärtigen. Der Autor verfügt noch nach
Uebergabe seines Manuscripts über sein Werk. Er bestimmt
die Zeit, zu der das Buch erscheinen soll [4]).

Der Buchhändler darf vorher kein Exemplar ab-
geben [5]).

---

[1] Möglicherweise war die Ligariana damals noch gar nicht edirt.
Brief 41, 3 soll die Correktur in allen Exemplaren vorgenommen
werden. Wohl lesen wir 20, 2 von der nämlichen Rede: est enim per-
vulgata. Wenn darunter die Edition zu verstehen ist — dann wusste
es niemand besser als Atticus; Cicero brauchte seinen Verleger nicht
zu erinnern. Die Rede ist schon edirt. Pervulgare ist vereinzelt
überall XII. 40; 41). Man kann unter diesem Ausdruck auch die
Edition in engerem Sinne verstehen. Wenn die Rede in einigen
Exemplaren schon verbreitet war — dies konnte ohne Hülfe des Verlegers geschehen — so konnte Cicero allerdings keine Veränderungen
mehr anbringen, ohne Aufsehen zu machen.

[2] XIII. 22. 3.

[3] II 1, 2: tu si tibi placuerit liber, curabis ut et Athenis sit et
in ceteris oppidis Graeciae. XIII. 21. 4: Ea si voles statim habebis,
scripsi enim ad librarios ut fieret tibi, si tu velles, describendi potestas.

[4] XIII. 21. 4: ea vero continebis, quoad ipse te videam, quod
diligentissime facere soles, quam a me tibi dictum est.

[5] XIII. 21. 4.

Der Autor seinerseits lässt durch seine librarii Abschriften verfertigen, die er nach seinem Gutdünken verwendet [1]. Von einem Contrakt finden wir keine Spur.

2. Horaz und die Sosii.

Wir wollen es Horaz nicht verargen, dass er uns über
sein Verhältniss zu seinem Verleger fast keinen Aufschluss
gegeben, dass er uns nirgends sagt, ob und wie viel ihm
seine Gedichte Sesterzen eingetragen haben. Ist er doch
der Dichter des behaglichen Lebensgenusses, dem Sucht
nach Reichthum, wenn je einem, ganz fremd war. Auf ihn
selbst passt daher vor allem, was er ep. II, 1, 118 sqq. vom
Dichter aussagt:

Hic error tamen et levis haec insania quantas
Virtutes habeat, sic collige: vatis avarus
120 Non temere est animus; versus amat, hoc studet unum,
Detrimenta, fugas servorum, incendia ridet;
Non fraudem socio puerove incogitat ullam
Pupillo; vivit siliquis et pane secundo,
Militiae quamquam piger et malus, utilis urbi,
125 Si das hoc, parvis quoque rebus magna juvari.

„Der Dichterwahn hat denn doch seine guten Seiten. Des
Sängers Sinn wird nicht leicht habsüchtig; er liebt die
Verse; das ist seine einzige Lust. Er kümmert sich ebenso
wenig um materiellen Schaden als um Gewinn." Wir wollen
uns hüten, aus diesem Dichter einen zweiten Diogenes zu
machen. Aber auch vor dem entgegengesetzten Extrem
warnen uns diese schönen Verse.

Der Dichter macht aus seiner Kunst kein Gewerbe.
Poesie ist ihm die Gottesgabe, ihm und seinen Mitmenschen
zur Freude geschenkt [2].

Aut prodesse volunt aut delectare poetae,
Aut simul et jucunda et idonea dicere vitae.

Es ist eigentlich eine einzige Stelle, wo Horaz uns
darüber eine Andeutung giebt, wie er zu seinem Buchhändler stand. Wenn wir dieselbe unbefangen und in aller

---

[1] XII, 14, 3. XIII, 21, 5. II, 1, 2.
[2] ep. II, 3, 333 sq.

Einfalt — wie der Dichter es verdient — zu Rathe ziehen,
so sagt sie uns zwar nicht viel, aber gerade genug, um
auch hier ein festes Resultat aufstellen zu können. Es sind
die Worte [1]):

> Hic meret aera liber Sosiis, hic et mare transit
> Et longum noto scriptori prorogat aevum.

„Ein gutes Buch bringt zweierlei: 1. dem Verleger Geld;
2. dem Verfasser Ruhm", d. h. der Verfasser selbst hat von
seinem Werk keinen materiellen Gewinn. Ihm ist die Hauptsache, dass man sein Buch liest und ihn, den Autor, deshalb rühmt. Der Verleger dagegen, welcher die Kosten der
Vervielfältigung und Verbreitung getragen hat, nimmt nun
auch den Gewinn von der Publication ein. Man könnte
einwenden, Horaz habe sich geschämt, zu sagen: hic meret
aera liber scriptori. Allein wir kennen des Horaz grosse
Freimüthigkeit. Ausserdem hätte er, der zum Schreiben
guter Bücher mahnt, es nicht versäumt, diesen Umstand,
wenn er wirklich vorlag, nämlich materiellen Gewinn für
den Autor, ins Licht zu rücken. Allein wie würde sich dies
mit jener Schilderung des Dichters [2]) reimen?

Vielmehr herrscht zwischen den zwei von uns beige-
brachten Stellen eine so tiefe Harmonie, dass dies schon
für die Wahrheit unserer Auffassung Zeugniss ablegt. Auch
Horaz bezog von den Sosii kein Honorar [3]).

Wir könnten sofort zu Martial übergehen. Der ihm
gewidmete Excurs wird indessen von grösserem Umfang sein.
Wir schalten also zunächst noch einige Beiträge aus anderen
Autoren ein, welche zwar ihren Verleger nicht nennen, aber
doch über ihr Verhältniss zu demselben etwelche Andeutungen fallen lassen.

---

[1]) ep. II, 3, 345 sq.

[2]) ep. II, 1, 115 sqq

[3]) Man kann eine weitere indirekte Stütze für diesen Standpunkt
gewinnen aus ep. II, 3, 372 sq.: mediocribus esse poetis Non hominos,
non di, non concessere columnae. Diese Aeusserung bekommt neue
Kraft, wenn man annimmt, das Werk sei dem Editor ohne weiteres
übertragen worden. Dass Buchhändler mittelmässige Waare nicht
kaufen würden, ist ziemlich selbstverständlich. Dass sie aber solches
Zeug auch geschenkt nicht annehmen, will freilich etwas heissen.

3. Ovid.

Nachrichten aus der Zeit vor der Verbannung sind uns keine erhalten. Dagegen bieten die Tristien und Episteln einzelnes.

Der Dichter setzt öfter auseinander, warum er in Tomi zu dichten fortgefahren habe, den ungünstigen äusseren Umständen zum Trotz. Er sucht Zerstreuung, Trost, Erquickung[1]):

> Exul eram, requiesque mihi, non fama petita est,
> Mens intenta suis ne foret usque malis —

ib. 19 Me quoque Musa levat Ponti loca jussa tenentem:
> Sola comes nostrae perstitit illa fugae.

ib. 39 Semper in obtutu mentem vetat esse malorum,
> Praesentis casus immemoremque facit.

Er sucht nicht eitel Ruhm[2]):

> Denique nulla mihi captatur gloria, quaeque
> Ingenio stimulos subdere fama solet.

Er schickt seine Gedichte nach Rom an einen Freund, welcher die Veröffentlichung derselben besorgt[3]):

> Cultor et antistes doctorum sancte virorum
>
> . . . .

ib. 14 Stirps haec progeniesque mea est.
> Hanc tibi commendo, quae quo magis orba parente.
> Hoc tibi tutori sarcina major erit.
> Tres mihi sunt nati contagia nostra secuti:
> Cetera fac curae sit tibi turba palam.

Der Dichter hat Heimweh; er verhehlt es nicht. Es gewährt ihm einen gewissen Ersatz, wenn seine libelli für ihn nach Rom wandern können[4]):

> Cur scribam docui: cur mittam, quaeritis, istuc?
> Vobiscum cupio quolibet esse modo.

Dass er aber von seinen Werken materiellen Nutzen zog, dass er dichtete, um Geld zu verdienen, dieses Geständniss suchen wir umsonst in den Tristien sowohl als in den Briefen, auch da, wo er ausdrücklich sagt, warum er dichte, warum er seine Gedichte nach Rom schicke.

---

[1]) Trist. IV, 1, 3 sq.
[2]) Trist. V, 1, 75 sq. cf. IV, 1, 3: non fama —.
[3]) Trist. III, 14, 1 und 14.
[4]) Trist. V, 1, 79 sq.

4. Quintilian.

Er hat in seinem Buche an Tryphon nur ein Anliegen: dass ein Handbuch möglichst fehlerfrei in die Hände des Publikums gelangen möchte.

Am Ende des Proömiums zum sechsten Buch erklärt er, dass er, nach Verlust seiner beiden Söhne, mit der Abfassung seines Werkes nunmehr kein persönliches Interesse, keinen eigenen Nutzen verfolge[1]): man möge daher mit seiner Arbeit vorlieb nehmen.

5. Plinius Secundus.

Er schreibt an Arrianus[2]): Est enim plane aliquid edendum, atque utinam hoc potissimum quod paratum est! (malis desidiae votum) edendum autem ex pluribus causis, maxime quod libelli quos emisimus dicuntur in manibus esse, quamvis jam gratiam novitatis exuerint; nisi tamen auribus nostris bibliopolae blandiuntur. Sed sane blandiantur dum per hoc mendacium nobis studia nostra commendent.

Wenn ein contraktliches Verhältniss zwischen Plinius und seinem Verleger bestand, so konnte, glauben wir, ein derartiges Misstrauen nicht eintreten. Dann wurde der Autor honorirt. Es wurde ihm die Veröffentlichung seiner Werke bestimmt versprochen. Was wollte er mehr? Warum sollte er Bedenken tragen, seine Werke dem Buchhändler zur Edition zu überlassen? Allein Plinius zweifelt. Er weiss nicht, ob seine Buchhändler ihm nur haben schmeicheln wollen. Wenn es Brauch war, dass er sein Manuscript verkaufte, dann waren diese Gedanken unberechtigt. Denn solch eine Schmeichelei wäre dem Buchhändler theuer zu stehen gekommen.

---

[1]) J. O. VI pr 16 huic autem consulere nostrum laborem vel propter hoc aequum est, quod in nullum jam proprium usum perventurum, sed omnis haec cura alienas utilitates (si modo quid utile scribimus) spectat. Er hatte sein Werk für die Erziehung seiner Söhne zu schreiben angefangen; jetzt hätte er eigentlich keinen Grund mehr zu schriftstellern; auch hat diese Arbeit für ihn keinen Nutzen, aber er schreibt für seine Mitmenschen.

[2]) ep. l, 2, 6

Auf geregelte Beziehungen des Plinius zu seinem Verleger führt uns auch jene Nachricht nicht[1]), dass seine Schriften in Lugdunum Absatz fanden, ohne dass Plinius davon gewusst hätte. Vom Profit, den der Buchhändler einsteckte, wusste er wohl noch weniger.

6. Juvenal.

Der Satiriker klagt über das Loos der Autoren[2]):

> Frange miser calamos vigilataque proelia dele,
> Qui facis in parva sublimia carmina cella,
> Ut dignus venias hederis et imagine macra.
> v. 30 Spes nulla ulterior; didicit jam dives avarus
> Tantum admirari, tantum laudare disertos . . .
> 81 Gloria quantalibet quid erit, si gloria tantum est?

Der Dichter, der vom Zuhörer oder vom Leser eine Gratification erwarten dürfte, erhält auch von diesem nichts. Nicht besser ergeht es den Historikern (v. 95 sqq.:

> Vester porro labor fecundior, historiarum
> Scriptores? petit hic plus temporis atque olei plus,
> Nullo quippe modo millesima pagina surgit
> Omnibus et crescit multa damnosa papyro . . .
> 104 Quis dabit historico, quantum daret acta legenti?

Die Autoren überhaupt müssen darben, weil das Publikum ihnen gegenüber völlig theilnahmslos bleibt.

In der ganzen siebenten Satire ist nur vom Verhältniss zwischen Autor und Publikum die Rede; vom Bibliopolen nirgends ein Wort. Er spielt eben nicht die Rolle, die man ihm hat zuweisen wollen.

7. Tacitus.

In deutlichen Worten redet endlich — wenn auch allgemein M. Aper[3]): Nam carmina et versus . . . . neque dignitatem ullam auctoribus suis conciliant neque utilitates alunt; voluptatem autem brevem, laudem inanem et infructuosam consequuntur. § 10: ne opinio quidem et fama, cui

---

[1]) ep. IX, 11, 2.
[2]) Sat. VII, 27 sqq.
[3]) Dialogus de oratoribus: 9.

soli serviunt et quod unum esse pretium omnes laboris sui
fatentur, aeque poetas quam oratores insequitur. In der
That, im Munde des Tacitus wiegt solch ein Ausspruch
schwer: Ruhm, das ist der einzige Lohn des Schriftstellers.

8. Martial[1]).

Er ist in unserer Angelegenheit der Hauptzeuge, aber
nicht so sehr durch die Bestimmtheit als durch die Mannig-
faltigkeit seiner Aussagen. Dieselben liegen zerstreut, oft
recht unscheinbar, versteckt. Direkte Zeugnisse finden wir
nur selten. Fast alles bewegt sich in Witzen und Bildern,
auch blossen Anspielungen. In alledem liegt aber ein realer
Kern. Gerade dies ist ein Charakteristikum des Epigramms,
dass es aus der unmittelbaren Wirklichkeit herauswächst
hervorsprudelt. Darum sind auch die 14 Bücher martialischer
Einzelgedichte eine wahre Fundgrube für die Culturgeschichte
seiner Zeit. Auch wir verdanken ihnen viel und man
wird es begreifen, wenn wir bei der Betrachtung des Verhältnisses von Martial zu seinen Buchhändlern etwas weiter
ausholen, als es bis jetzt hat geschehen können. Wir gewinnen dadurch eine sichere Grundlage für die Lösung der
Specialfrage, welche uns beschäftigt.

Martial dichtet bei allerlei Anlässen. Er dichtet für
seine Freunde, für seine Gönner, nicht von vornherein für
das grosse Publikum. An Edition denkt auch er nicht von
Anfang an. Erst auf Zureden seiner Freunde veranstaltet
er eine Sammlung seiner Gedichte[2]). Je nach Verlauf von
ungefähr einem Jahre sammelt er die in diesem Zeitraum
fallenden Epigramme[3]) und edirt sie. So sind zwischen den
Jahren 86 und ca. 102 n. Chr. seine 14 Bücher entstanden.
Eine chronologische Uebersichtstabelle der Herausgabe der
11 Bücher versucht zu geben Friedländer, Sittengesch. III,
p 124 sqq. der V. Aufl.

Bei der Redaction der einzelnen Bücher nimmt Martial
auch Gedichte aus früherer Periode auf[4]) Andrerseits

[1) Zu Grunde liegt die zweibändige Ausgabe von Schneidewin,
Grimma 1842. Blosse Zahlcitate beziehen sich auf Martial.

[2) cf. II, 6.

[3) X, 70.

[4) Friedländer a. O.

dichtet er neue Epigramme ad hoc, zum Zwecke der Oekonomie des Ganzen, hinzu. Zu beachten sind namentlich jeweilen die Anfänge der Bücher. Wir finden beispielsweise einen offenbaren, inneren Zusammenhang zwischen den vier ersten Gedichten des 1. Buches.

Im ersten Epigramm kündigt sich der Dichter an:

> Hic est quem legis ille, quem requiris,
> Toto notus in orbe Martialis
> Argutis epigrammaton libellis [1]).

Das zweite Gedicht weist uns an den Buchhändler:

> Ne tamen ignores ubi sim venalis et erres
> Urbe vagus tota, me duce certus eris.

Das dritte ist eine scherzhafte Ermahnung an den in die Welt hinausziehenden parvus liber. Es erscheint uns wie eine captatio benevolentiae an das Publikum.

Das vierte Gedicht endlich enthält eine Empfehlung an den Kaiser. Er möge Nachsicht üben, wenn er die Epigramme lese:

> Lasciva est nobis pagina, vita proba.

Martial hat seinen eignen librarius, dem er zuweilen diktirt, durch welchen er die ersten Abschriften seiner Gedichte verfertigen lässt. Direkt ist uns diese Nachricht nie gegeben, doch lassen eine Reihe von Aeusserungen darauf schliessen.

Der Schreiber ist es, der dem diktirenden Dichter zuruft: Halt! die Rolle ist vollgeschrieben [2]).

> Jam librarius hoc et ipse dicit:
> Ohe, jam satis est, ohe libelle!

Er braucht eine Stunde, um das Buch abzuschreiben [3]),

> haec una peragit librarius hora.

Ihm soll man es zuschreiben, wenn in den Gedichten Fehler vorkommen [4]).

---

[1]) Dieses Gedicht, besonders der Schluss desselben thut dar, dass das 1. Buch unmöglich zuerst zur Edition gelangt ist, dass die darin enthaltenen Gedichte nicht die frühesten sein können. Andere Gründe fügt noch Friedländer a. O. hinzu.

[2]) IV, 89, 8 sq.

[3]) II, 1, 5.

[4]) II, 8, 3 sq.

nocuit librarius illis

Dum properat versus annumerare tibi [1].

Martial hat selbst Exemplare seiner Gedichte (in Rollen) auf Lager.

Es sind zunächst inediti libri, eigens hergestellte Abschriften; Rollen, die noch nicht mit Pergamentband, noch mit umbilici versehen sind, welche der Bimsstein noch nicht berührt hat [2]):

Sed pumicata fronte si quis est nondum
Nec umbilicis cultus atque membrana
Mercare: talos habeo.

Freilich hat der Dichter auch vollständig ausgestattete Rollen. Man konnte solche kaufen und dann vollschreiben.

Wenn Martial regelmässig die ersten Exemplare seiner Bücher an Freunde, Gönner, oft an den Kaiser selbst übersendet, so konnte er ja wohl nicht anders, als den hohen Herren auch äusserlich elegante Rollen darzureichen. Nur dann konnte er beanspruchen, dass seinem Geschenk in der Bibliothek des Julius Martialis ein Plätzchen gewährt werde [3]).

Wir können hier deutlich jene Edition im engeren Sinne beobachten.

Sobald ein Buch gesammelt und abgeschrieben ist, wird es versendet, nicht an den Buchhändler, sondern an Freunde, ein-, zwei-, dreimal. Wollte sich Martial die Gunst eines edlen Römers erwerben — schnell ist eine Abschrift gemacht, und sie wird fortgesendet, bevor sie nur recht trocken ist. Dieselbe gelangt bald direkt vor den Kaiser [4]); oder das Buch wird durch einen Hofdiener seiner Majestät nahe gebracht. So soll der Bibliothekar (a secretis) des Kaisers, Sextus, die Epigramme in die Bibliothek aufnehmen [5]). Im folgenden Gedicht desselben Buches bittet Martial den kaiserlichen Kammerdiener Parthenius, er möchte die timida brevis-

---

[1]) Wie oben (p. 23) bemerkt, ist die Auffassung librarius = ... hier nicht statthaft. Es ist einzig auf die Thätigkeit des ... angespielt.

[2]) I, 66, 10 sqq.

[3]) VII, 17.

[4]) praef. l. VIII.

[5]) V, 5.

que charta seinem Herrn in günstiger Stunde überreichen oder vorlesen [1]).

Bald[2]) wählt sich das an die Oeffentlichkeit tretende Buch Faustinus zum Patron: es ist auch hier Schenkung des Buches an Faustinus anzunehmen. Bald[3]) soll Faustinus ein libell, welches er von Martial erhalten, an Marcellinus schicken[4]). Zum gleichen Zweck bedient sich Martial[5]) des Rufus: er möchte zwei libelli dem Venulejus empfehlen.

Mit dem Geschenk also verbindet sich die Hoffnung auf Wiedervergeltung, sei es, dass der Dichter dadurch in weiteren Kreisen bekannt wurde, sei es, dass manch ein Grosser auf ihn aufmerksam wurde und ihn wiederum beschenkte. Es war für Martial wichtig, ja die Hauptsache. Denn von jenem angeblichen Buchhändlerhonorar konnte er nun einmal nicht leben. Er musste sich nach einer ergiebigeren Quelle umsehen, und diese fand er in der Verehrung der Grossen.

Wie sehr es ihm um die Gunst seiner Gönner zu thun war, sagt uns Martial mehrfach[6]):

> Editur en sextus sine te mihi, Rufe Camoni,
> Nec te lectorem sperat, amice, liber . . .

Etwas laut ist der Ton in folgenden Versen angeschlagen[7]):

> 9 O quantum mihi nominis paratur
> O quae gloria! quam frequens amator!
> Te convivia, te forum sonabit,
> Aedes, compita, porticus, tabernae.
> Uni mitteris, omnibus legeris.

So gelangte das Buch durch den Autor selbst schon vor ein gewisses Publikum.

Erst in zweiter Linie ist von der buchhändlerischen Verbreitung durch den Editor zu sprechen.

---

[1]) XII. 11.
[2]) III. 2.
[3]) VII, 50.
[4]) d. h. wohl eine Abschrift davon.
[5]) IV, 82.
[6]) VI, 85.
[7]) VII, 97 (cf. II, 6).

Allein man soll nicht glauben, der Autor habe, mit der Uebergabe eines Manuscripts an den Buchhändler, das Recht verloren, selbst weitere Abschriften zu verfertigen und beliebig zu verwenden. Dass Martial auch nach der Edition Exemplare schenken konnte, zeigt uns namentlich folgender Zug. Es gab zu Martial's Zeiten, wie auch noch heute, Bücherbettler, Leute, welche für neue Bücher kein Geld ausgeben mochten und es bequemer fanden, sich dieselben vom Autor zu erbetteln. Martial weist sie an den Buchhändler [1]).

Durch die Edition (in weiterem Sinne) tritt das Buch vor das Publikum.

Martial nennt 4 Buchhändler, bei welchen seine Gedichte zu haben waren.

Er nennt sie nur gelegentlich; also ist die Möglichkeit, dass er in Rom noch an anderen Orten feil war, von vornherein nicht ausgeschlossen.

Die vier genannten Buchhändler sind:

1 Quintus Valerianus Polius [2]). Wir hören über ihn folgendes [3]:

> Quaecunque lusi juvenis et puer quondam
> Apinasque nostras, quas nec ipse jam novi
> Male collocare si bonas voles horas
> Et invidebis otio tuo, lector,
> 5 A Valeriano Polio petes Quinto,
> Per quem perire non licet meis nugis.

Valerianus Polius ist also Verleger und Verkäufer der juvenilia des Dichters. Diese Gedichte mögen lyrischer Art [4] oder Epigramme gewesen sein. Dass darunter nicht das vorliegende erste Buch verstanden sein kann [5]), thun schon Ausdrücke dar, wie puer quondam, quas nec ipse jam novi. Ausserdem sind die Gedichte des I. Buches gar nicht die frühesten des Dichters, ja nicht einmal der erhaltenen Sammlung.

---

[1] I. 117. IV. 72.
[2] s. Palat.; Pellius vulg.
[3] I. 113.
[4] So Flach z St. in seiner Ausgabe: Epigrammaton lib. prim. Tübingen 1881.
[5] Wie Th. Birt p. 345 will.

2. Secundus Lucensis libertus. An ihn weist uns folgendes Gedicht [1]):

> Qui tecum cupis esse meos ubicunque libellos
> Et comites longae quaeris habere viae,
> Hos eme, quos artat brevibus membrana tabellis:
> Scrinia da magnis, me manus una capit.
> 5 Ne tamen ignores ubi sim venalis et errem
> Urbe vagus tota, me duce certus eris:
> Libertum docti Lucensis quaere Secundum
> Limina post Pacis Palladiumque forum.

Secundus, der, nach dem Wortlaut zu schliessen, Verkäufer ist, verkauft demnach Exemplare auf Kleinformat, welche wohl speciell für die Tasche des Reisenden bestimmt sind.

Eine andere Ausgabe des Dichters [2]) war um 5 Denare zu beziehen bei

3. Atrectus [3]):

> Occurris quotiens, Luperce, nobis:
> „Vis mittam puerum" subinde dicis,
> „Cui tradas epigrammaton libellum,
> „Lectum quem tibi protinus remittam?"
> 5 Non est quod puerum, Luperce, vexes.
> Longum est, si velit ad Pirum venire,
> Et scalis habito tribus, sed altis.
> Quod quaeris, propius petas licebit,
> Argi nempe soles subire letum;
> 10 Contra Caesaris est forum taberna
> Scriptis postibus hinc et inde totis,
> Omnes ut cito perlegas poetas.
> Illinc me pete, nec roges Atrectum —
> Hoc nomen dominus gerit tabernae —
> 15 De primo dabit alterove nido
> Rasum pumice purpuraque cultum
> Denariis tibi quinque Martialem.
> „Tanti non es" ais? Sapis, Luperce.

---

[1]) I, 2.
[2]) Natürlich zunächst bloss eines Buches.
[3]) I, 117.

Die Höhe des Preises (im Vergleich mit andren Preisangaben wie XIII, 3, 2) lässt vermuthen, dass Atrectus ele-
gant ausgestattete Rollen, modern gesagt, eine Prachtausgabe von Martial's Gedichten verkaufte. Seine taberna lag
wohl am nächsten bei Lupercus' Wohnung; darum wird
Lupercus an ihn gewiesen.

Atrectus hat eine taberna: er tritt uns als Verkäufer
der Gedichte entgegen.

Als Herausgeber der Institutio oratoria von Quintilian
endlich ist uns bekannt:

1. Tryphon bibliopola.

So wird er immer bei Martial genannt. Es mag diese
constante Bezeichnung ein Echo des allgemeinen Sprach-
gebrauchs der Hauptstadt sein, welcher Tryphon vielleicht
als einer der ersten Buchhändler bekannt war. Dass er im
römischen Buchhandel eine bedeutende Rolle gespielt hat,
beweisen Namen wie Martial und Quintilian. Wir lesen [1]):

> Exigis ut donem nostros tibi, Quinte, libellos.
> Non habeo, sed habet bibliopola Tryphon.
> „Aes dabo pro nugis et emam tua carmina sanus?
> Non, inquis, faciam tam fatue.“ Nec ego.

Quintus hatte sich, wie es scheint, mehrere Bücher ge-
wünscht. Martial weist ihn an den Verleger seiner Gedichte
Tryphon mit den Worten „sie sind nicht mehr mein; sie
gehören Tryphon“. In der gleichen Eigenschaft erscheint
Tryphon [2]) in folgendem Gedicht:

> Omnis in hoc gracili Xeniorum turba libello
> Constabit nummis quattuor empta tibi.
> Quattuor est nimium? poterit constare duobus
> Et faciet lucrum bibliopola Tryphon.

Tryphon ist es, welcher den Preis bestimmt, welcher
den Gewinn bezieht.

Wie verhalten sich diese vier Buchhändler zu einander?
Dies ist die Frage, die sich sofort erhebt, und welche wir
nicht bestimmt beantworten können. Wir sind daher auf
Vermuthungen angewiesen.

[1]) IV, 72.
[2]) XIII, 3.

Dass des Dichters Werke in mehreren Tabernen auflagen, ist an sich nichts auffallendes. Doch ist es bedenklich, daraus weiter zu folgern, dass die vier uns genannten Buchhändler auch vier Verleger waren.

Es ist wahr: Martial hat 14 Bücher Epigramme gedichtet und edirt. Er mochte wohl sich hie und da nach einem andern Verleger umsehen. Zu dieser Annahme bekennt sich Th. Birt [1]), wenn er denkt, Martial habe sich für jedes neue Brouillon den Verleger gesucht, der ihm am meisten bot. Abgesehen von der Frage nach der Honorirung, scheint es uns doch unwahrscheinlich, dass der Dichter so oft gewechselt haben sollte. Ausserdem ist auch die Thatsache nicht zu leugnen, dass ein und dasselbe Buch bei zwei Buchhändlern (angeblichen Verlegern' feil geboten wurde [2]).

Schon aus diesem Grunde empfiehlt sich die Hypothese von vier Verlegern nicht. Allein auch der Wortlaut der citirten Gedichte legt uns eine andre Auffassung dieses Verhältnisses nahe.

Von den vier Buchhändlern treten uns zwei als Besitzer von Buden, als tabernarii entgegen: Secundus und Atrectus. Der erste verkauft die Gedichte in Kleinformat, der zweite scheint Prachtexemplare als seinen Specialartikel gehabt zu haben. Beide haben also — wenigstens aus dem Wortlaut lässt sich diese Annahme nicht bestreiten — bestimmte Attribute, beschränkte Funktionen.

Anders erscheinen die übrigen zwei Buchhändler.

Q. Valerianus Polius verlegt und verkauft die juvenilia; daran ist nicht zu rütteln [3]).

Tryphon wird in einer Weise eingeführt, die uns vermuthen lässt, er sei auch specifisch Verleger. Er hat die libelli, das heisst, er besitzt sie [4]). Tryphon bestimmt den Verkaufspreis, er nimmt den Gewinn ein.

Er wird uns genannt im IV. und XIII. Buch, wovon das dreizehnte das frühere ist. Im vierten Buch erscheint

---

[1]) p. 355.

[2]) Nach Th. Birt sogar bei drei: I, 117; I, 2; I, 113.

[3]) Er war wohl auch Verkäufer des Artikels (cf. v. 6 in I, 113: per quem perire non licet meis nugis).

[4]) Wie anders klingt dieses habet (IV. 72) als jenes illa quae habes de Academicis bei Cicero ad Att. XIII, 13.

er als Eigenthümer der libelli (plural), nicht bloss eines Buches.

Der Umstand, dass er in solchen Zwischenräumen auftritt, ist nicht ohne Bedeutung.

Hat Martial wirklich mit seinen Verlegern gewechselt, so müssten seine Gedichte zuerst etwa bei Tryphon, dann bei einem andren Buchhändler, endlich wiederum bei Tryphon herausgekommen sein. Dies bringt eine Verwickelung mit sich.

Wir behaupten vielmehr, Tryphon sei Verleger nicht nur von Buch IV und XIII, sondern auch von den dazwischen liegenden Büchern. Er verlegt die Gedichte des Dichters, ebenso wie er auch ungefähr in den nämlichen Jahren das Werk des Quintilian herausgab.

Q. Valerianus Pollius dagegen hatte die juvenilia, die Gedichte der früheren Periode, verlegt. Es ist begreiflich, dass der junge debütirende Martial in einer Winkelbuchhandlung, bei einem bescheideneren Editor erschien. Er konnte ja bei seinem litterarischen Debüt noch nicht berühmt sein: er war vielleicht noch kaum bekannt. Er musste sich erst beim römischen Publikum einbürgern. Er wurde beliebt, populär, wie selten Einer - und erst dann fühlte sich ein Hauptbuchhändler wie Tryphon bewogen, den Verlag seiner Gedichte zu übernehmen. Es war keine Kleinigkeit, die Hauptstadt, Italien, die Provinz, die ganze Welt mit Martialen zu versehen, und es ist nicht zu verwundern, wenn der Verleger sich in dem buchhändlerischen Vertrieb von den tabernarii unterstützen liess. Atrectus und Secundus sehen wir am besten als Sortimentsbuchhändler an. Sie bezogen von Tryphon Specialartikel, und zwar wohl auf Commission. Es ist nicht geboten, anzunehmen, dass sie sozusagen das Monopol gewisser Ausgaben Martials hatten.

Martial hatte also — so nehmen wir an — in der Zeit seiner Blüthe einen Verleger, Tryphon. Dieser vertrieb den Artikel mit Hülfe der tabernarii. Martial kann nun sagen:

Argiletanas mavis habitare tabernas [1]).

Doch wie verhält sich der Verleger zum Autor?

Fragen wir zunächst den Dichter selbst.

Unseres Wissens ist in den 14 Büchern Epigramme keine Stelle, welche ein positives Zeugniss über diesen Verhältniss enthält. Martial sagt uns weder, ob er dem Editor sein Manuscript jeweilen verkaufte, noch auch, ob er ihm dasselbe ohne weiteres Abkommen übergab, d. h. ob er mit ihm einen Verlagsvertrag schloss. Er brauchte uns keines von beiden zu sagen. Doch, wenn er das erste that, wenn er sein Manuscript dem Verleger gegen Honorar abtrat, so ist es sicher befremdend, dass er diesen Umstand — der für Martial ein sehr wichtiger sein musste — nie berührt, auch nie bestimmt andeutet.

Nehmen wir an, der Dichter sei regelmässig und von vornherein, gemäss Verlagscontrakt, honorirt worden. Der Verleger kauft die Gedichte. Er wird deren Eigenthümer. Er hat nun ausschliessliches Recht der Vervielfältigung und Publication. Der Dichter dagegen hat durch den Vertrag auf das nämliche Recht verzichtet. Dies scheint recht wohl mit einem Gedichte [1] zusammen zu stimmen, wo Martial einem Liebhaber, der ihn um seine Gedichte angebettelt hatte, zuruft:

Non habeo, sed habet bibliopola Tryphon.

Doch, prüfen wir die Thatsachen, so erscheint uns das citirte Epigramm in andrem Licht. Jenes non habeo, sed habet bibliopola ist eine wohlfeile Ausflucht des verlegenen Dichters. Wir gewahren vielmehr, dass Martial nach wie vor der Edition mit seinen Libellen ganz frei verfährt. Er lässt sich eigene Abschriften machen, verschenkt sie nach rechts und links. Er wird denn auch von allen Seiten um seine Gedichte angebettelt: oft gerade von Dichtern, welche die Sachlage kennen mussten, die es ja wohl nicht gethan hätten, wenn Martial nach der Edition über seine Werke nicht mehr verfügen konnte.

Ein Verleger, welcher ein Werk mit gutem Geld erkauft hat, wird sich vom Autor nicht alles gefallen lassen.

Ein Kaufcontrakt zwischen Autor und Editor zieht Konsequenzen nach sich, die wir gar nicht erfüllt, ja nicht einmal berücksichtigt sehen.

Dazu kommt, dass wir von einem Eigenthumsanspruch des Verlegers, von einem rechtlichen Schutz desselben bei Martial keine Spur finden. Dies gibt auch Th. Birt [2] zu.

---

[1] IV. 72.

[2] p. 359.

Wir wissen vielmehr, dass die Werke römischer Litteratur ihre Verbreitung und Erhaltung den Privatabschriften nicht weniger als dem Buchhandel verdanken.

Es ist wahr, uns Modernen, die wir ein geregeltes litterarisches Recht besitzen, erscheinen diese Verhältnisse als sehr abnorm. Doch dies ist kein Grund, unsere Verhältnisse auf frühere Zeiten, auf das römische Alterthum kurzweg zu übertragen.

Es ist in der That heute eine mehrfach geäusserte Ansicht, der römische Autor, speciell Martial sei von seinem Verleger honorirt worden.

Von einer Bezahlung in Procenten[1], in Form einer Theilung des Gewinnes zwischen Autor und Verleger, ist hier abzusehen, namentlich mit Rücksicht auf ein Gedicht, wo Martial sich rühmt, dass er auf der ganzen Welt gelesen werde, und doch trage es ihm nichts ein:

Nescit sacculus ista meus[2].

Es ist auch Niemand eingefallen, diese Art der Honorirung für Martial zu vindiciren.

Der Ansicht, dass der Verleger den Autor von vornherein und regelmässig honorirte, begegnen mir zuerst bei A. Schmidt[3].

Er legt besondres Gewicht auf das letzte Epigramm des elften Buches:

Quamvis tam longo possis satur esse libello,
Lector, adhuc a me disticha pauca petis.
Sed Lupus usuram puerique diaria poscunt.
Lector, salve. Taces dissimulasque? Vale.

Der Text des letzten Verses weist in den besten Handschriften eine Variante auf.

Salve überliefern

   1 Wolfenbüttelanus s. XV,

   1 Berolinensis,

   C Vossianus,

   libri veteres Scriverii (Schneid. Flor, 1 Palat. Cuiac.).

---

[1] Wie man sie bei Cic ad Att. XIII, 12, 2 hat constatiren wollen.

[2] XI. 3, 6 cf XIII, 3, 4

[3] Geschichte der Denk- und Glaubensfreiheit im 1. Jahrh. der Kaiserherrschaft p. 135 f

Alle übrigen Handschriften (Puteaneus, Palat. optimus etc.) haben Solve. Schmidt redet davon, dass diese Stelle „unwiderleglich" sei. Martial sage: „den Leser gelüste es wohl noch nach etlichen Gedichten, allein er müsse schliessen, weil er Geld brauche; denn — der Wucherer Lupus fordere Zins und die Familie ihr täglich Brod; der Leser möge also gefälligst Zahlung leisten, d. h. das Publikum das Buch tüchtig kaufen." Wie konnte denn diese Aufforderung an das Publikum gelangen? Musste der Leser, um das Epigramm zu lesen, nicht doch in den meisten Fällen zuerst das Buch kaufen? Sollte er dann erst noch ein oder zwei Exemplare erwerben, um dem Dichter zu willfahren? Wenn der Dichter Geld brauchte, so konnte er mit solch einer Bitte an den Leser nicht viel ausrichten; der Leser konnte ihm in nichts nützlich sein. Wurde ja doch Martial, wenn er Honorar empfing, nicht in Procenten bezahlt. Wir gelangen also mit Schmidt auf Umwegen zu sehr zweifelhaftem Resultat.

Wenn Marquardt[1]), um Schmidt auszuweichen, Salve als „Lesart der Handschriften" aufnimmt, so können wir uns weder mit dem Grunde der Aufnahme, noch mit der Lesart selbst befreunden. Einmal steht Solve in den besseren Handschriften. Ausserdem enthält Solve an sich nichts, was den Satz Schmidts unterstützt, noch Salve, was ihn widerlegt.

Der Dichter wendet sich an den Leser, nicht an seinen Buchhändler. In Solve sehen wir nichts als eine humoristische Aufforderung an den Leser, dem Dichter für den geistigen Genuss eine Gratification darzureichen. Der Leser thut, als ob er nicht angeredet, als ob er dem Dichter nichts schuldig wäre. Martial giebt ihm sein vale — und ergreift die Gelegenheit, um sein Buch zu schliessen. — Wir lesen: Solve.

Es ist uns nicht recht klar, was dieser Gruss Salve am Schluss des Gedichtes soll, zumal da der lector schon v. 2 angeredet war. Was sollte er denn auf jenes Salve erwidern? Einen Gegengruss hätte er gewiss nicht verweigert. Allein der lector dissimulat. Es ist eben etwas von ihm gefordert worden, was er nicht gern gewährt. Den Zug, welchen wir bei Salve vermissen, enthält Solve. Es

---

[1]) Privatleben der Römer p. 800 n. 2. 1874.

ist, wie gesagt, die bescheidene Bitte des Dichters an den Leser: „Ist's gefällig?" Darauf, was der Dichter wolle, haben die Worte „sed Lupus usuram puerique diaria poscunt" den Leser bringen müssen.

Die gleiche Scene wiederholt sich im 16. Gedichte des V. Buches. Martial flüstert leise, aber sehr verständlich, seinem Leser zu: Poesie sei allerdings eine schöne Gabe für den Dichter und für das Publikum. Allein man könne nicht von eitlem Ruhm leben. Es sei daher wohl am Platz, dass der Dichter von Zeit zu Zeit mit etwas materiellerem als Lobspenden bedacht werde. Der Leser will sichs nicht zu Herzen, noch auch zu Ohr gehen lassen. „Freut mich sehr, antwortet er, „wir werden nicht ermangeln, dich fernerhin noch mehr zu loben."

„Aha!" denkt der Dichter, „dissimulas? facies me puto causidicum. Ich muss schliesslich doch noch zur Juristerei greifen, soll ich nicht verhungern."

Der gleiche Vorwurf liegt in dissimulator [1]) an folgender Stelle:

Nulla remisisti parvo pro munere dona . . .

. . . .

Decipies alios verbis vultuque benigno,
10 Nam mihi jam notus dissimulator eris.

Wir stimmen hierin im wesentlichen mit H. Göll überein [2]. Th. Birt [3]) entscheidet sich bei XI, 108 zwar für die Lesart Solve. Doch er erklärt anders als wir. Er benutzt dieses Epigramm für seine Theorie vom Raumzwang in der Rolle: „Der Dichter hat schon geschlossen, es ist aber noch ein Platz am Buchende, die Schlussseite der Rolle, leer geblieben. Der Leser, als ihr Käufer, ist es, der vom Dichter noch ein paar Distichen zu fordern hat, nur so viele, dass die Seite nicht leer steht. Der Dichter hilft sich launig so, dass er den Nothstand selbst zum Gegenstand seines Nothgedichtes macht; das gibt glücklich zwei Zeilen — und nun — „Leser, adieu. Du hast ja doch selbst dringende Pflichten du hast deine Zinsen noch nicht bezahlt, deine Sklaven

[1]) IV, 88. 1.
[2]) Gallus p. 452
[3]) p. 156 n. 1; cf. p. 154.

noch nicht beköstigt. Schweigst du? und willst es ver-
leugnen?" — Der Dichter war wohl recht intim mit diesem
unbekannten lector! Woher weiss Th. Birt, dass der Lupus
und die pueri ihre Forderungen an den lector stellen? Es
wäre aber auch nicht sehr ehrlich, wenn man einen Gläu-
biger mit den Worten abweisen sollte: „bezahl erst deine
Schulden, bevor du mich mahnst, dass ich dir noch ein paar
Verse schulde." Es war auch nicht ein feines Mittel, die
Gunst des Lesers zu gewinnen. Wir vermissen endlich ein
Wort, wenn der Dichter sagen wollte: man verlangt von
dir Bezahlung deiner Schulden. Das „von dir" musste aus-
gedrückt sein im v. 3: Lupus usuram .... Die ganze Auslegung dünkt uns künstlich, gesucht.

Den gleichen Standpunkt (wie Schmidt, Birt) vertritt
Fr. Schmitz.

Wir stimmen im ersten Punkte seiner Darstellung mit
ihm überein. Die Worte[2]

> Et tantum gratis pagina nostra placet

und

> Dicitur et nostros cantare Britannia versus.
>
> Quid prodest? Nescit sacculus ista meus

enthalten kein Zeugniss gegen die Honorirung. Sie sind
in erster Linie an den Leser gerichtet. Fr. Schmitz führt
in charakteristischer Weise fort: Mihi quoque persuasum est,
plurimos auctores Romanos gloriae tantum ac honoris causa
scripta sua bibliopolis divulganda tradidisse, quod tamen
non impedit, quominus illi interdum (!) pretium a bibliopolis
acceperint. Et vere acceperunt. Es seien zwar dafür keine
sicheren Anhaltspunkte vorhanden; doch man könne nicht
daran zweifeln!

Als Zeugen werden aufgeführt:

1. Plautus und Terenz, „welche ihre Comödien den
Aedilen verkauften". Ein Verkauf war es eigentlich nicht.
Die Dichter wurden je nach Beschaffenheit des Stückes
honorirt. Dies beweist unter andrem jene Erzählung, wonach
der junge Terenz mit seiner Andria zuerst an Caecilius

---

[1] De bibliopolis Romanorum p. 10—12.

[2] V, 16, 10.

[3] XI, 3, 5 sq.

gewinnen wurde[1]. — Die Thatsache aber ist uns mehrfach überliefert[2].

Sollen wir die Aedilen mit den Buchhändlern identificiren? Jene kaufen ein Stück, um es aufführen zu lassen, diese erwerben dasselbe, um es durch den Buchhandel zu verbreiten. Unseres Erachtens gehört diese Notiz über die Komiker gar nicht hierher. Welche Bewandtnis es übrigens mit dieser Honorirung hatte, legt uns eine Nachricht des Donatus nahe[3]: Acta est (fabula) tanto successu ac plausu atque suffragio, ut rursus esset vendita et ageretur iterum pro nova proque ea pretium, quod nulli ante ipsam fabulae contigit, octo milia sestertium numerarent poetae. So hoch war noch kein Stück taxirt worden. Der Werth desselben wurde einzig am Beifall des Volkes gemessen. Die Aedilen belohnten den Dichter für das Plaisir, welches er den Römern gemacht hatte. So oft sich die Aufführung des Ennuchen wiederholt, so oft neue Belohnung. Es war also keine einmalige Honorirung für eine geleistete Arbeit.

Den Aedilen lag es ob, die Spiele zu veranstalten; sie hatten die Bühne zu versehen. Gewöhnlich kam bei ihnen zum Wunsche, das Volk recht zu amüsiren, die Tendenz hinzu, das Volk für sich zu gewinnen, sich bei ihm beliebt zu machen und sich die Thüren zu höheren Aemtern zu öffnen.

Da ist es natürlich, dass sie den Dichtern, um sie anzuspornen, Belohnungen aussetzten, dass sie eine Art Agon einrichteten. Dass diese Honorirung zum Brauch wurde, darf uns auch nicht wundern. So verstehen wir jene Nachricht Plautus und Terenz, die römischen Dramatiker überhaupt, wurden von officieller Seite honorirt. Daraus aber zu folgern, dass jeder Skribent vom Buchhändler einen Lohn empfing, ist ein Wagnis — ein in der Wissenschaft nicht erlaubter Schluss.

---

[1] Suet. de poetis p. 28, 9 Ritsch.

[2] cf. Suet. ib p. 24, 7: qui (Plautus sc.) propter annonae difficultatem ad molas manuarias pistori se locaverat, ibi quotiens ab opere vacaret scribere fabulas solitus ac vendere (cf. Ritschl parerg p. 17. ib. p. 29, 6 sqq.: Eunuchus quidem bis deinceps acta est meruitque pretium quantum nulla antea cuiusquam comoedia, octo milia nummorum.

[3] praef. Eun. p. 96.

Plautus und Terenz haben ihre Werke, nach der Aufführung, selbst publicirt und zwar durch librarii — nicht
durch die Aedilen, welche ihnen doch Zahlung geleistet
hatten.

Schmitz beruft sich ferner auf den Grammatiker Pompilius Andronicus und Plinius den Aeltern. Diese Fälle aber
gehören, wie wir sehen werden, auch nicht hierher.

Von diesen für unsere Frage nicht massgebenden Zeugnissen aus wird nun der aufgestellte Satz in folgender Weise
verallgemeinert, in nicht sehr logischer Weise, wie uns vorkommt: „Sin autem scripta ab auctoribus cuiusvis generis
vendebantur, non video, cur non bibliopolae quoque huic
illive auctori pro scriptis certam mercedem solverint.“ Ver-
tragsmässige Honorirung habe nicht stattgefunden: aber wohl
könne man von einem pretium reden, welches der Buchhändler dem Autor auszahlte.

Die Theorie von diesem pretium stützt Schmitz besonders auf 2 Epigramme:

1. X, 71. Wir werden auf dieses Gedicht sofort eingehen.

2. XI, 24. Dazu wird folgende Bemerkung gemacht:
quantulumcunque fuit, merebatur noster libellis suis et, quum
dona ab amicis non acciperet, mereri tantum potuit a bibliopolis, qui carmina sua vendebant. — Dieses letzte Argument
ist aber nicht stichhaltig. Wissen wir doch, wie viel Martial
von seinen Gönnern, insbesondere vom Kaiser empfing. Nun
aber findet Schmitz seine Ansicht bestätigt im genannten
Epigramm[1]): Quae sententia probatur alio loco Martialis.
quo damnum se accepisse queritur, quum carmina non scrip-
serit, doletque prope jam triginta diebus vix unam paginam
peractam esse. Hören wir den Dichter:

> Dum te prosequor et domum reduco,
> Aurem dum tibi praesto garrienti,
> Et quidquid loqueris facisque laudo,
> Quot versus poterant, Labulle, nasci?
> 5 Hoc damnum tibi non videtur esse,
> Si quod Roma legit, requirit hospes,
> Non deridet eques, tenet senator,

---

[1]) XI, 24.

laudat causidicus, poeta carpit,
Propter te perit? hoc, Labulle, verum est?
10 Hoc quisquam ferat, ut tibi morum
Sit major numerus togatulorum,
Librorum mihi sit minor meorum?
Triginta prope jam diebus una est
Nobis pagina vix peracta. Sic fit,
15 Cum cenare domi poeta non vult.

Der Dichter hat wieder einmal über eifrigen Clientendienst die Poesie vernachlässigt. Daraus ist ein damnum
erwachsen. Doch dass ihn der Schaden treffe, ist nirgends
gesagt, liegt auch nicht im Sinne des Epigramms. Wer
verliert ist Rom, der Fremde, der Ritter, der Senator, der
Recensent, — kurz das Publikum, welches nichts neues zu
lesen hat. Es dünkt uns forcirt, wenn man unter damnum
den ausbleibenden Dichterlohn verstehen will; es ist auch
nicht entfernt von einem Buchhändler die Rede. Den
Schaden will der schlaue Dichter gewiss nicht zunächst auf
sich beziehen, sondern er verficht die Sache des gebildeten
Publikums. Denn dieses ist zu kurz gekommen.

Ein dritter Verfechter der Hypothese einer Honorirung
ist Becker (und nach ihm Rein[1]). Er sagt[2] im Allgemeinen ganz richtig, die Schriftsteller hätten von ihren
Werken realen Gewinn bezogen. Wovon sollten sie denn
sonst leben? Doch es ist ein andres, Gewinn ziehen und
vom Buchhändler honorirt werden. Es wird auch hier von
Plautus und Terenz aus falsch geschlossen: „Wenn Plautus
und Terenz und andere ihre Comödien an die Aedilen verkauften, so wird es auch nichts auffallendes sein, wenn
andre Schriftsteller für ihre Arbeiten ein Honorar bezogen.“

„Plinius dem älteren wurden, allerdings von einem
Privatmann, 400000 HS für eines seiner Werke geboten.
Dass zwischen Buchhändlern und Schriftstellern dergleichen
Geschäfte stattfanden, darauf deutet Martial mehrmals hin,
z. B. IV, 72 cf. I, 117, am deutlichsten XI, 108.“ Man schlage

---

[1] Gallus II, 140 (III. Excurs zur III. Scene). Bekanntlich macht
H. Göll, der letzte Herausgeber des Gallus, gegen die Ansicht seiner
Vorgänger entschieden Front.

[2] Mit Hinweis auf Hor. art. I, 4, 71: paupertas impulit audax
ut versus facerem.

diese Gedichte nach und sage uns, ob da Andeutungen, deutliche Andeutungen vorliegen. Wir finden keine. Mit nicht weniger Willkür wird mit Gegenzeugnissen umgesprungen: „XIV, 219 nulla referentia carmina nummos cf. I. 76 gilt nur von dem kärglichen Erwerbe und V, 16, wo es allerdings heisst:

At nunc conviva est commissator que libellus.

Et tantum gratis pagina nostra placet

will er nur sagen, dass die, welche an seinen Gedichten sich erfreuten, ihn nicht belohnten (richtig!) wie XI, 3 nescit sacculus ista meus (?. „Das schliesst aber nicht aus", sagt Becker, „dass er durch irgend einen Vertrag mit dem Buchhändler einen Gewinn gehabt haben könne, und es wäre in der That unbegreiflich, wie Martial, dem es seiner eigenen Aussage nach stets an Geld fehlte (!), ohne allen Vortheil hätte zusehen sollen, wie Tryphon, Secundus, Polius mit seinen Gedichten gute Geschäfte machten." Es wird noch verwiesen auf Hor. ep. II. 3, 345. Mart. XIV, 194. XIII, 3. VI, 61.

Die Sache ist auffallend, doch sie ist möglich, sie ist wahr. Man wird uns nicht glauben machen, Martial sei honorirt worden, weil wir heutzutage es für recht und billig halten, dass ein Autor am Erfolg seiner Werke auch materiell mitgeniesse, am Ertrag seinen Antheil habe[1].

Der letzte Forscher auf diesem Gebiete, Th. Birt, entscheidet sich ebenfalls für Annahme einer Honorarzahlung — damit fällt ein schweres Gewicht in die Wagschale. Die Sache verdient es, von neuem und so gründlich, als uns gegeben ist, untersucht zu werden.

Wir gestehen, dass wir Anfangs in der gleichen Anschauung (wie Th. Birt und die Früheren) befangen waren. Doch ist uns bei näherem Beschauen allmählich aller Glaube an jene Hypothese entschwunden.

Wenn, wie behauptet wird, ein contraktliches Verhältniss zwischen Autor und Editor bestand, so mussten uns

---

[1] Früher waren schon für Annahme einer Honorarzahlung eingetreten: Manso verm. Abh. u. Aufs. p. 277; Preller bei Pauly Realencyclop. s. v. Libri. Auch hier werden dieselben Stellen ausgebeutet Mart. XI, 108. XIV, 194 und a. Hor. ep. II, 3, 345. Ihnen stimmt auch W. Schmitz bei (Schriftsteller und Buchhändler in Athen p. 1).

doch unter den zahlreichen bibliographischen Nachrichten
aus dem römischen Alterthum sichere Spuren davon zu
finden sein; eine Nachricht wenigstens müsste uns in deutlicher Sprache den gewünschten Aufschluss gewähren. Was
man beibringt, kann nicht genügen, uns zu überzeugen.
Vielmehr scheinen uns die Umstände, wie sie im Allgemeinen
bei Martial gegeben sind, gegen diese Hypothese, welche
von neuem aufgestellt wird, zu sprechen. Hören wir, wie
Th. Birt seine Sache vertheidigt [1]. „Martial wurde nicht in
Procenten bezahlt." Darin hat Th. Birt Recht.

„Er gesteht zu, dass er ein praemium libellorum ein-
nimmt" [2]:

Jam parce lasso, Roma gratulatori,
Lasso clienti. Quamdiu salutator
Anteambulones et togatulos inter
Centum merebor plumbeos die toto,
5   Cum Scorpus una quindecim graves horn
Ferventis auri victor auferat saccos?
Non ego meorum praemium libellorum,
— Quid enim merentur? — Appulos velim campos:
Non Hybla, non me spicifer capit Nilus,
10   Nec quae paludes delicata Pomptinas
Ex arce clivi spectat uva Setini.
Quid concupiscam quaeris ergo? dormire.

In diesem Gedichte finden wir kein Geständniss des
Dichters, dass er ein praemium libellorum einnehme, d. h.
wohl, dass er Honorar vom Verleger empfange. Zu solcher
Auslegung passt schon der Ausdruck praemium eigentlich
nicht. Ausserdem wäre es doch unglückliche Politik vom
Dichter, wenn er, indem er seine Bitte anbringt, auch zugleich sagen würde: ich empfange allerdings meinen Lohn.
Er lässt bittere Klagen vernehmen über den ermüdenden
und doch nutzlosen Clientendienst, über den Morgengruss,
welcher ihm den Schlaf kürze. Er möchte nur ausschlafen.
„Nicht verlange ich Lohn für meine Gedichte; was sind sie
werth? was dürfen sie beanspruchen?" Durch die Bei-
ziehung der appulischen Felder ist angedeutet, dass unter

[1] p. 354 d. Ant. Buchw
[2] X. 74.

praemium nicht ein vom Buchhändler geleistetes Honorar, sondern ein munus, die Gratification seitens des Lesers zu verstehen ist. — „Ich verlange nicht Belohnung für meine Gedichte." Er verlangt nicht, was er eigentlich beanspruchen dürfte. Will er wirklich den lästigen Clientendienst los werden? Gewiss nicht; auch weiss er, dass seine Patronen ihn nicht werden entlassen wollen. Was er erstrebt, ist grössere Aufmerksamkeit und Theilnahme. Die Worte: non ego meorum praemium libellorum .... enthalten eine Bitte, die der gewandte Weltmann in feiner Weise anzubringen weiss: „Glaubt nicht, dass ich Lohn wolle!" Aber eben das hofft er, dass sie in Zukunft ihm mehr Gunst erweisen werden. — Wir wissen, dass Umber ihm eine Menge Geschenke schenkte, es waren acht stämmige Burschen aus Syrien nöthig, um dieselben an ihren Bestimmungsort zu bringen [1]. Wir wissen, dass Plinius Secundus ihm ein Geldgeschenk darreichte, als er nach Spanien abreiste: zum Dank dafür hatte Martial ihm Gedichte gewidmet [2].

Wir wissen, dass der Kaiser ihm das jus trium natorum schenkte:

> Musarum pretium dedit mearum
> Solus qui poterat,

ruft er aus [3]. Ist es nöthig, die Beispiele zu vermehren? Jene Behauptung Th. Birts, dass der Dichter weder direkt noch indirekt den Buchpreis vom Leser bezahlt erhielt oder auch nur erwartete, ist demnach gewagt. Wenn sich Jemand ein Buch martialischer Gedichte gegen baares Geld beim Bibliopolen erworben hatte, so war von ihm nicht mehr zu verlangen, dass er erst noch dem Dichter einen „Buchpreis" entrichte. Aber der Dichter durfte erwarten, dass jener reiche Römer, welchem er ein Buch Epigramme geschenkt hatte, seinerseits wiederum des Dichters gedenke. Auf solche Leute einzig war Martial angewiesen.

Das Faktum an sich, dass ein Autor sein Manuscript verkaufen konnte, lässt sich nicht leugnen. Nur muss man

---

[1] VII, 53.

[2] Plin. ep. III, 21, 2.

[3] II, 92; cf. I, 107: otia da nobis, sed qualia olim fecerat Maecenas Flacco Vergilioque suo; und X, 2, 5: Lector opes nostrae —.

den Fall, wo ein unedirtes Werk vom Autor an einen Liebhaber verkauft wird, von dem, wo ein Verleger (Buchhändler) eine Schrift zur Publication übernimmt, wohl unterscheiden. Es sind uns aus griechischem und römischem Alterthum dieser Fälle genug bekannt. Th. Birt[1] führt zwei an, „in denen der Werth von unedirtem Manuscript auf eine bestimmte Geldsumme vertaxirt wird".

1. Der erste Fall begegnet uns bei Sueton[2]). Pompilius Andronicus, der Grammatiker, verkauft sein Werk für 16,000 Sesterze: „verum adeo inops atque egens, ut coactus sit, praecipuum illud opusculum suum annalium Ennii elenchorum sedecim [milibus] nummum cuidam vendere. Quos libros Orbilius suppressos redemisse se dicit, vulgandosque curasse nomine auctoris". Das Büchlein wurde also einem Quidam verkauft, welcher es nicht herausgab, sondern für sich behielt. Dieser Mann hatte demnach die Verpflichtung, es zu ediren, nicht auf sich genommen. Er war wahrscheinlich gar kein Buchhändler. Jener Kauf war kein Verlagscontrakt. Pompilius hatte nothgedrungen sein opusculum wie einen Werthgegenstand veräussert. Dasselbe ging in den Besitz eines Privatmanns über, der denn auch ganz nach seinem Gutdünken darüber verfügen konnte: er genoss alle Rechte des Autors, denn er hatte das Autorrecht erworben[3] Zu solchem Kauf ladet auch unser Martial ein[4]) — und doch ist es Niemand eingefallen, diese Worte des Dichters zu verwenden, zu missdeuten.

Der Käufer der elenchi von Pompilius Andronicus konnte das erworbene Werk unedirt lassen (supprimere) oder herausgeben. Er war nicht gebunden, es unter dem Namen des Verfassers zu ediren. Darum die ausdrückliche Nachricht bei Sueton, dass Orbilius es nomine auctoris, unter dem Namen des Pompilius veröffentlichte.

2 Der zweite von Th. Birt citirte Fall ist aus folgenden Worten des Plinius secundus entnommen[5]): „referebat ipse

[1] p. 355 n 1.
[2] de gramm 5 Reiff. p. 106, 12.
[3] Daher erklärt sich auch der hohe Kaufpreis.
[4] l. m.
[5] ep III. 5. 17.

(Plinius major) potuisse se, cum procuraret in Hispania vendere hos commentarios Largio Licino quadringentis milibus nummum et tum aliquanto pauciores erant." Plinius verkaufte sie nicht — trotz der colossalen Summe, die ihm geboten war. Wäre er so verfahren, wenn es sich lediglich um Edition eines Werkes gehandelt hätte? Es ist undenkbar. Allein es waren eben lediglich Excerpte, die also gar nicht zur Edition bestimmt waren. Wir haben aber auch keine Andeutung, dass der emptor ein Buchhändler war. Plinius hatte es mit einem Liebhaber zu thun, der Eigenthümer seiner Commentarii werden wollte. Dass Plinius das Angebot abschlug, dass er seines Werkes Besitzer bleiben wollte, ist sehr wohl zu begreifen.

Diese zwei Fälle haben also in der Frage nach der Honorirung des Autors durch den Verleger keine Beweiskraft. Allein gerade sie bringen Th. Birt dazu, seinen letzten Satz [1]) aufzustellen: „die wahrscheinlichste Form aber, in der nun dieses bestimmte Honorar gegeben wurde, möchte die gewesen sein, dass der Bibliopole dem Autor sein Apographum abkaufte."

Dies musste wohl, beim Römer namentlich, auf Grund eines Contrakts geschehen; irgend ein Abkommen musste doch zwischen Autor und Editor getroffen sein. Da wäre es wirklich auffallend, dass, wie oben schon bemerkt worden, in unseren zwei Hauptquellen über diesen Gegenstand [2]) nirgends eine Nachricht von einem derartigen Abkommen vorliegt.

Wurden solche Verträge geschlossen, dann müssten in der römischen Jurisprudenz doch Spuren davon zu entdecken sein. Wir finden aber in den Digesten kein Wort hierüber.

Wurde der Dichter honorirt, dann hieng seine Lebensstellung — falls er nicht begütert war, sondern dürftig wie Martial — wesentlich von seinem Buchhändler ab. Dem Buchhändler wurde damit eine gewisse Rolle in des Dichters Leben und Schaffen zugewiesen. Der Buchhändler musste

---

[1]) ant. Buchw. p. 355.
[2]) Cic. ad Att. und Martial.

doch wohl als Träger dieser Rolle erscheinen — wäre es
auch nur ein Mal. Doch nein. Nie und nirgends lernen
wir den Buchhändler als solchen kennen.

Was wir von Secundus, von Atrectus hören, ist, dass
sie die Gedichte verkaufen. Tryphon macht gute Geschäfte.
Martial — wenn wir ihm aufs Wort glauben sollen — muss
darben, hungern, kann nicht einmal ruhig schlafen. Warum
reklamirt er denn nie, auch nicht in der zurückhaltendsten
Weise, wenn er wirklich auch finanziell von seinem Buchhändler abhing? Ist es Bescheidenheit, Anstandsgefühl? —
Dergleichen Dinge kannte ja Martial kaum.

Er schweigt über sein Verhältniss zu seinem Buchhändler — weil er mit ihm nichts auszufechten hat. Er
verkauft ihm seine Gedichte nicht. Gedichte verkaufen,
hiesse seine Kunst zum Handwerk machen. Dichten, um
vom Verleger bezahlt zu werden, hiesse, sich zum Hand-
werker erniedrigen. Wer dies that, der setzte sich eben
in schroffen Gegensatz zu seiner Zeit, zu den Anschauungen
seiner Zeitgenossen. Waren auch diese Anschauungen in
früherer Zeit viel reiner gewesen, wurden sie damals auch
lauter proclamirt, ein Kern davon blieb auch in den Tagen
des Verfalls. Dieses geistige, von den Griechen übernommene,
Erbe der Pflege und Verehrung der Poesie hatte sich der
gebildete Römer noch nicht rauben lassen. Darum schilt
Martial zwei Dichter, Gallus und Lupercus [1]):

> Vendunt carmina Gallus et Lupercus
> Sanos, Classice, nunc nega poetas.

Oder will man sich der Erklärung Schrevels zuwenden [2]):
„qui tamen audet negare Gallum et Lupercum sanos esse,
qui mala sua carmina pretio obtrudant hominibus procul
dubio insania, qui mala emant carmina"?

Der Dichter giebt uns freilich nirgends die feierliche
Erklärung, dass der Buchhändler nicht Käufer seiner Gedichte war. Dies jedoch darf uns nicht wundern, dass
eine nicht existirende Einrichtung nicht zur Erwähnung
kommt.

[1]) XII, 46.
[2]) ed. Leyden 1661.

Dass das Verhältniss zwischen Autor und Verleger principiell kein pecuniäres war, davon glauben wir in Martial's Gedichten zuerst in allgemeinen Aussagen unverkennbare Spuren zu haben. Es werden uns in zweiter Linie Aeusserungen des Dichters begegnen, welche uns geradezu den gewünschten Aufschluss geben.

Wir gehen nun zur Betrachtung einiger dieser Stellen über. Es sind zunächst Gedanken des Dichters über seinen Beruf im Allgemeinen.

Dichtkunst bringt nicht Geld noch Brot ins Haus. Von Ruhm (laus, gloria) kann man nicht leben.

Einem Freunde, der ihn wiederholt fragte, was er aus seinem Sohne machen sollte, widmet Martial folgendes Epigramm [1]):

> Cui tradas, Lupe, filium magistro,
> Quaeris sollicitus diu rogasque.
> Omnes grammaticosque rhetorasque
> Devites, moneo: nihil sit illi
> 5 Cum libris Ciceronis aut Maronis,
> Famae Tutilium suae relinquas.
> Si versus facit, abdices poetam:
> Artes discere vult pecuniosas,
> Fac discat citharoedus aut choraules.
> 10 Si duri puer ingeni videtur,
> Praeconem facias vel architectum.

Geldkünste erlernen, das war damals, wie heute, das Schlagwort. Martial, der schmal genug durchkommt, will dem Jungen sein eigenes Schicksal ersparen. Lupus jun. soll sich zum Zitherspieler oder Flötenbläser ausbilden. Das war ein ergiebiges Handwerk. Droht ja selbst Martial einmal, er wolle Citharöde werden [2]).

> ... Poeta
> Exierat: veniet cum citharoedus erit.

Der junge Mann könne auch Ausrufer oder Architekt lernen. Wird er Dichter, dann mag ihn der Vater nur aufgeben. Poesie ist ein dürres unfruchtbares Feld [3]):

---

[1]) V, 56.
[2]) III, 4, 8.
[3]) I, 107, 7 sq.

In steriles nolunt campos juga ferre juvenci:
Pingue solum lassat, sed juvat ipse labor.

Man wird vom Dichten nicht reich. Apollo gibt Kränze,
Minerva Schätze.

Dieser Gegensatz wird öfters betont[1]), so im folgenden
Gedichte:

O mihi curarum pretium non vile mearum,
Flacce, Antenorei spes et alumne laris,
Pierios differ cantus citharamque sororum;
Aes dabit ex istis nulla puella tibi.

5 Quid petis a Phoebo? nummos habet arca Mi-
nervae:
Haec sapit, haec omnes fenerat una deos:
Quid possunt hederae Bacchi dare? Palladis arbor
Inclinat variis pondere nigra comas.
Praeter aquas Helicon et serta lyraque deorum

10 Nil habet et magnum, sed perinane sophos.
Quid tibi cum cirrha? quid cum Permesside unda?
Romanum propius divitiusque forum est.
Illic aera sonant: at circum pulpita nostra
Et steriles cathedras basia sola crepant.

Darum wird auch kein interessirter Millionär einem
Dichter seine Tochter zur Ehe geben. Mit spöttelndem
Humor erzählt uns Martial von einer solchen Werbung[2]).
Wer weiss, ob er nicht unter den zehn verliebten Poeten
figurirte!

Praecones duo, quattuor tribuni,
Septem causidici, decem poetae
Cuiusdam modo nuptias petebant
A quodam sene. Non moratus ille

5 Praeconi dedit Eulogo puellam.
Dic, num quid fatue, Severe, facit?

Deutlich sind besonders folgende Worte[3]):

Seria cum possim, quod delectantia malo
Scribere, tu causa es, lector amice mihi.

[1]) I, 76 (cf. I, 25, 5).
[2]) VI, 8.
[3]) V, 16.

Qui legis et tota cantas mea carmina Romana:
Sed nescis, quanti stet mihi talis amor.
5 Nam si falciferi defendere templa Tonantis
Sollicitisque velim vendere verba reis,
Plurimus Hispanas mittet mihi nauta metretas
Et fiet vario sordidus aere sinus.
At nunc conviva est comissatorque libellus,
10 Et tantum gratis pagina nostra placet.
Sed non et veteres contenti laude fuerunt,
Cum minimum vati munus Alexis erat.
„Belle“, inquis, „dixti: juvat, et laudabimus usque.“
Dissimulas? facies me, puto, causidicum.

Poesie ist eine Liebhaberei (amor., die dem Dichter theuer zu stehen kommt. Sie kostet ihm bedeutende Opfer. Denn, würde er Gerichtsredner, so würde bald der Pactolus in sein Haus fliessen. Sein Glück wäre bald gemacht. Allein er dichtet „aus Liebe zum Leser“. Man liest und liebt seine Gedichte; man würzt damit die Tafel und nimmt sie mit ins Schauspiel [1]). Ihn dagegen, den Dichter, lässt man darben; er zieht nichts ein. Der Advokat lässt sich für seine Reden bezahlen (vendere verba); der Dichter wird von Niemand honorirt. Dies ist der Gegensatz von vendere zu gratis [2]). Es handelt sich auf beiden Seiten um regelmässige Honorirung. Sie könnte dem Dichter nur vom Buchhändler geleistet werden. Allein dieser wird nie in Zusammenhang mit des Dichters ökonomischer Stellung erwähnt. Seine Reclamationen wendet Martial nur immer an den lector. Der lector ist des Autors Reichthum [3].

Lector, opes nostrae: quem cum mihi Roma dedisset.
„Nil tibi quod demus majus habemus“ ait.

Wir haben also die Versicherung, dass der Dichter vom Leser, von seinen Gönnern Geschenke erwartet und empfängt. Andrerseits aber sagt er uns des Bestimmtesten, dass er kein Honorar, keine regelmässigen Einkünfte habe, wie etwa der Gerichtsredner. Die Herausgabe eines Buches

---

[1]) cf. II, 6.
[2]) In V, 6 und 10.
[3]) X, 2, 5 sq.

bedingt für ihn weder Schaden noch Gewinn. So spricht er z. B. vom dreizehnten Buch gleich Anfangs im ersten Epigramm:

> Ne toga cordylis et paenula desit olivis,
> Aut inopem metuat sordida blatta famem;
> Perdite Niliacas, Musae, mea damna, papyros;
> Postulat, ecce, novos ebria bruma sales.
> 5 Non mea magnanimo depugnat tessera talo,
> Senio nec nostrum cum cane quassat ebur.
> Haec mihi charta nuces, haec est mihi charta fritillus.
> Alea nec damnum nec facit ista lucrum.

„Mein Würfelspiel ist ganz harmlos; es bringt mir weder Schaden noch auch Gewinn." Martial erklärt dadurch ausdrücklich, dass er materiell von der Edition seines Buches nichts zu erwarten hat. An andrer Stelle, im dritten Gedichte desselben Buches, sagt er uns in nicht weniger deutlicher Sprache, dass sein Buchhändler den Gewinn bezieht:

> Omnis in hoc gracili Xeniorum turba libello
> Constabit nummis quattuor empta tibi.
> Quattuor est nimium? poterit constare duobus,
> Et faciet lucrum bibliopola Tryphon.

Es dünkt uns, deutlicher könne man nicht reden. Martial hat von seinem Verleger kein Honorar erhalten

Somit sind wir zum Schluss unserer Untersuchung und zugleich zum Ende unseres dritten Abschnittes gelangt Wir fassen unsere Resultate zusammen: das Verhältniss zwischen Autor und Editor war kein contraktliches. Der Schriftsteller erhielt vom Buchhändler kein Honorar; er erwartete auch keines[1].

---

[1] In gleicher Weise hat sich über die Honorarfrage geäussert K Compte „listy filologické a paedagogické red. von Kvičala und Gebauer XI. Jahrg. 1. u 2. Heft p. 26—32: „Ob den römischen Schriftstellern von den Buchhändlern ein Honorar gezahlt wurde"), von deren Abhandlung ich durch die Berliner philologische Wochenschrift Nr 148 (29. November 1884 (Notiz erhalten habe.

Wir widmen unseren letzten Abschnitt der Besprechung einzelner Punkte. Wenn wir von Autorrecht, von Verlagsrecht sprechen, so verstehen wir darunter natürlich nicht einen Complex von gesetzlichen Bestimmungen über den betreffenden Gegenstand. Wir nehmen das Wort „Recht" nicht in juristischem Sinne, sondern in seiner gewöhnlichen allgemeinen Bedeutung.

IV. Excurse über einzelne Fragen.

1. Die Anfertigung und der Umfang der Rollen.

Es erhebt sich nach den oben[1]) über die Anfertigung der Rollen gegebenen Erörterungen die Frage nach einer genaueren Unterscheidung der Funktionen des Papierfabrikanten und derjenigen des Buchhändlers.

Wenn auch dieser Gegenstand ein wenig aus dem Rahmen unserer Aufgabe tritt, so können wir nicht daran vorbeigehen, ohne wenigstens unsere Ansicht zu äussern.

Th. Birt, gestützt auf die wichtige Stelle: Plin. h. n. XIII. 77, behauptet (p. 132 d. Ant. Buchw. cf. p. 312,: „die Papierfabriken lieferten den Griechen und Römern nicht nur, wie die unsrigen, lose Blätter und Bögen, sondern die vollständigen Buchrollen selbst, die also fix und fertig, doch unbeschrieben auf den Inhalt harrten, den der Autor für sie bestimmen würde".

Dies ergebe sich aus dem Fabrikationsbericht des Plinius, und zwar speciell aus den Worten (XIII, 77): Dein siccantur sole plagulae atque inter se junguntur, proximarum semper bonitatis deminutione ad deterrimas; numquam plures scapo quam vicenae.

Th. Birt weist für scapus mit Recht die Erklärungen „Papyrusstengel" und „Rollstab" ab (ant. Buchw. p. 238). Wir nehmen das Resultat seiner Zusammenstellung an: scapus kann bedeuten τόπος, tomulus chartarum. „Ist nun aber", fährt Th. Birt fort, „scapus die Rolle selbst, so ist mit den 20 Blättern, die Plinius nennt, nichts anzufangen." Er vermuthet daher, es sei, statt vicenae, ducenae zu lesen (p. 341) und dies ist „das Maximalmass der Rolle, über das der

---

[1]) p. 24.

Fabrikant nicht hinausgieng, der Autor nicht hinausgehen konnte" (p. 241); ein **Mass**, innerhalb dessen der Autor sich nicht frei bewegen konnte (p. 132).

Das ist ja die reine Tyrannei! So soll sich ein Cicero, ein Vergil durch den glutinator haben schulmeistern lassen, — das Genie durch das Handwerk! Das glauben wir nie und nimmermehr, dass der Schriftsteller in seiner Arbeit sich genau nach dem „ihm vom glutinator gesteckten Masse" richten musste. Diese absolute, constante Herrschaft der Materie über den Geist können wir nicht begreifen, noch für möglich halten.

Die griechische classische Literatur ist unbehelligt von diesem Raumprincip entstanden. Erst der Alexandriner Bibliothekar (Callimach) war es, der die Theilung der Schriftwerke in Bücher vornahm und das Kleinrollensystem einführte [1]. Dort wurde allerdings die Buchtheilung an der todten Materie mit unerbittlicher Consequenz durchgeführt. Sollen wir deshalb denken, der römische Autor habe in seiner Arbeit sich diesen lästigen Zwang auferlegen lassen? Von wem? vom Papierfabrikanten? von der Mode?

Wir vindiciren ihm eine gewisse Freiheit der Disposition, eine vollständige Freiheit in der Composition, vor allem aber in der Conception seiner Werke. Edition eines Werkes bedeutete, mit Th. Birt's Worten (Ant. Buchw. Einl. p. 2), für dasselbe den Eintritt aus willkürlicher Buchform in die systematisch geordnete des Buchmarktes.

Die antike Litteratur liegt uns in Büchern vor. Diese unsere Bücher sind die Rollen des antiken Buchwesens.

An diesen Satz knüpft Th. Birt folgenden an: Es gab für die Rolle eine Maximalgrenze; genauer gesagt, es gab einen Raumzwang, „dem die Alten schon bei der Conception ihrer Werke selbst und während all ihres Producirens gehorsamten" (Einl. p. 9).

Gegen diese letzte Behauptung also protestiren wir.

Ein relatives Maximalmass der Rolle kann man schlechterdings nicht leugnen. Es motivirt sich:

1. aus dem Bedürfniss nach handlichen Exemplaren,
2. aus dem Postulat der Solidität.

---

[1] Dass man indess diese Neuerung nicht allzu wichtig nehmen dürfe, thut dar E. Rohde: Gött. Gel. Anz. 1882. Stück 49 p. 1554 f.

Es war also für den, der ein grösseres Werk vorhatte, ein äusserer Anlass der Theilung vorhanden; doch dies war nicht der einzige, ja nicht einmal der wichtigere.

Wir theilen auch jetzt noch grössere Werke in Bücher, Capitel etc. Diese Massregel entspricht einem tief in der menschlichen Natur liegenden Verlangen nach Uebersichtlichkeit. Auch der antike Autor theilt dieses Bedürfniss, ebenso wie sein Leser. Darum sind auch die Bücher unserer classischen Texte zunächst Sachtheile, dann aber auch Raumeinschnitte (vgl. Th. Birt p. 131). Zu diesem Bedürfniss nach übersichtlicher Darstellung als Ursache, gesellt sich allerdings eine äusserliche Veranlassung, das gegebene Format des antiken Litteraturbuches.

Der Autor theilt, disponirt sein Werk.

Er passt seine Disposition dem äusseren Princip an. Dieses Princip ist aber kein absolutes. Der Autor bewahrt dabei soviel Freiheit, dass er da, wo die Theilung äusserlich sich empfehlen würde, dieselbe aber der Oeconomie des Ganzen Eintrag thun würde, vom Raumprincip abstrahiren kann. In solchen Fällen steht es ihm frei, die Rolle, jene durch den Usus festgestellte Einheit, je nach seinem Bedürfniss zu gestalten.

Es wäre fürwahr ein testimonium paupertatis, ein Zeichen geringen künstlerischen Ehrgeizes, wenn der Autor nur immer nach rein äusserlichen Gesichtspunkten gearbeitet und disponirt hätte. Dies behauptet eben Th. Birt. Wir lesen p. 132 folgenden Ausspruch: „Diese Aufgabe (die Bücher zu untergeordneten Einheiten zu erheben) war um so schwerer, falls, wie sich im Verlauf zeigen wird, der Rollenumfang diesseits des überhaupt möglichen Maximalmasses nicht, so wie es in jedem Fall passte, beliebig klein oder beliebig gross angesetzt werden konnte." Die gleiche Anschauung kehrt p. 131 wieder — sie macht sich überhaupt in der von Th. Birt gegebenen Darstellung geltend — „die Enge der Rolle konnte dann freilich für gewisse Theile Auslassungen oder eine grössere Knappheit der Fassung hervorrufen, als sachgemäss erscheint. Reichte umgekehrt der Stoff nicht (um die Rolle zu füllen), so halfen Excurse."

Wir leugnen nicht, dass der Autor, unter Umständen, das räumliche Princip mit in Berücksichtigung ziehen mochte; doch, dass es ein Zwang war, dem er immer gehorchen musste, dem er nicht ausweichen konnte, dies bestreiten wir.

Angenommen, der Zwang bestand wirklich, im vollen Sinn des Wortes. Wir sind sodann berechtigt zu fordern, dass das für jeden speciellen Fall gegebene Mass der Rolle nicht überschritten werde. Dass von einem Werke, welches aus vier Büchern besteht, alle vier Rollen gleich lang gewählt seien. Wo eine Ueberschreitung des Gleichmasses vorliegt, erwarten wir, dass der Autor als einzigen Grund hierfür geltend mache: den Raumzwang. Cornificius schrieb rhetorica in vier Rollen. Die drei ersten sind annähernd gleich lang; die vierte dagegen ist doppelt grösser als die andern. Cornificius musste eigentlich vier Rollen von gleicher Länge nehmen. Nun aber fand er bloss drei ungefähr gleich lange und eine längere vor. Also musste das vierte Buch doppelt länger werden als die drei ersten. Etwas ähnliches läge im vierten Georgicon des Vergil vor: zur Ausfüllung der Rolle, um dem mangelnden Lehrstoff nachzuhelfen, hätte Vergil die Gallus- und Orpheusepisode angefügt [1]).

Man sieht, zu welchen Syllogismen uns diese Lehre von einem eigentlichen Raumzwange führt.

Man bedenke, wie mannigfaltig die Ausdehnung der Bücher der antiken Litteratur ist. Diesen bunten Wechsel von kleineren und grösseren Gesängen und Büchern, den sollten wir der jeweiligen Beschaffenheit der Rolle verdanken, auf welche der Autor gerade schrieb. Es würde sich fast verlohnen, dieses Thema, welches unerschöpflich ist, eingehend zu behandeln, alle Bücher römischer Prosa und Poesie dahin zu untersuchen, ob der Anlass zur Theilung jeweilen ein sachlicher oder eher ein äusserlicher gewesen sei.

Sehen wir, ob die Belege, welche Th. Birt beibringt, genügen, um seine Theorie zu rechtfertigen (ant. Buchw. p. 147 sqq.). Er beruft sich zu allererst auf einige Aeusserungen des hl. Augustin: de civ. Dei l. IV fin.:

quod sequitur in volumine sequenti videndum est et hic dandus huius prolixitatis modus.

---

[1]) Wie stimmt dazu die Nachricht (Serv. ad ecl. II, 10), dass Vergil das Lob des Gallus auf Wunsch des August streichen musste?

Zu beachten: Augustin gibt, setzt ein Mass.

ib. V. 1: hic itaque modus sit huius voluminis ut deinceps disposita ab alio sumamus exordio.

ib. II fin: deinceps videbimus ut hic sit huius voluminis modus.

Dann treten als Zeugen auf: Orosius, Origenes, Clemens Alexandrinus, Athenaeus etc., „allerdings nicht Autoren bester Zeit und besten Namens“.

Orosius hiat. II fin.: et quoniam uber dicendi materia est, quae nequaquam hoc concludi libro potest, hic praesentia voluminis sit ut in subsequentibus (plural!) cetera persequamur. Auch hier schliesst der Autor ab, weil er seinen Stoff unmöglich in einer Rolle bewältigen könnte. Das noch nicht Behandelte soll noch mehrere volumina ausfüllen.

Ebenso subjectiv spricht Origenes im Anfang des XIII. Buches an Ambrosius:

ἴσως μὲν ἂν ἔδοξέ σοι τὸν περὶ τῆς Σαμαρείτιδος λόγον μὴ διακολύσαι ὥστε μέρος μέν τι αὐτοῦ εἶναι ἐν τῷ ιβʹ τόμῳ, τὰ δὲ ἑξῆς ἐν τῷ ιγʹ · ἀλλ᾽ ἐπεὶ ἑωρῶμεν αὐτάρκη περιγραφὴν εἰλημμέναι τὸν ιβʹ τῶν ἐξηγητικῶν, ἔδοξεν ἡμῖν καταλῆξαι.

Die Rolle hat die gehörige Grösse erreicht; der Autor findet, es sei besser, nun abzubrechen: ἔδοξεν ἡμῖν καταλῆξαι. „Weil es uns gut schien, haben wir aufgehört.“ Ist das wirklich ein „vollkommener Zwang“? Die gleiche Bewandtnis hat es mit Ausdrücken wie μέτρον αὔταρκες (Sext. Empir. πρὸς δογμ. 1 fin.). Neues Licht gibt uns Athenaeus, IV, 155, a: ἐπὶ τούτοις τέλας ἐχέτω ἥδε ἡ βίβλος, ἱκανὸν εἰληφυῖα μῆκος. VI, 275, b: ἐπεὶ δὲ εἰς ἱκανὸν μῆκος προῦβη, τὰ τῶν ἀπομνημονευθέντων, αὐτοῦ καταπαύσωμεν τὸν λόγον.

Die Rolle entsteht, sie wächst in die Länge.

Wenn sie ein genügendes Mass erreicht hat, wird abgebrochen. Freilich kommt es vor, dass der Stoff das Abbrechen nicht empfiehlt. Dann wird in derselben Rolle fortgefahren. Das ist z. B. beim VIII. Buch des Athenaeus geschehen. Darum die Worte (365, e): οὐκ ἀνάρμοστον δὲ καὶ τούτοι τοῦ συγγράμματος τέλος εἰληφότος αὐτοῦ καταπαῦσαι τὸν λόγον, μὴ καὶ ἡμᾶς τις οἰηθῇ κατὰ τὸν Ἐμ-

πεδοκλία ἰχθῦς ποτὲ γεγονέναι ... Athenaeus will verhüten, dass man sein Buch als ein *μέγα κακόν* bei Seite werfe.

Endlich bekommen wir Zeugnisse von Schriftstellern aus besserer und bester Zeit zu hören.

Cicero schliesst sein zweites Buch de inventione mit den Worten: Nunc quoniam omne in·causae genus argumentandi ratio tradita est, de inventione, prima ac maxima parte rhetoricae, satis dictum videtur; qua re, quoniam et una pars ad exitum hoc et superiore libro perducta est et hic liber non parum continet litterarum, quae restant in reliquis dicemus. Cicero bricht aus rein sachlichen Gründen ab; sein Stoff ist erschöpft. Dies die eigentliche Begründung; ausserdem, fügt er hinzu, enthält dieses Buch nicht zu wenig Buchstaben, es ist lang genug.

Der jugendliche Autor hält noch etwas auf gewisse traditionelle Vorschriften über Zahl der Buchstaben und Länge der libri. In den Werken des reifen Mannes ist nirgends die Spur einer solchen Erwägung. Doch dass er sich, in der Jugendzeit schon, gar nicht um diesen angeblichen Raumzwang kümmert, dass derselbe für ihn gar nicht existirt, beweist das Ende des ersten Buches de inventione: Sed quoniam, ut videmur, de omnibus partibus orationis diximus et huius voluminis magnitudo longius processit, quae sequuntur deinceps, in secundo libro dicemus. Auch hier stehen die sachlichen Erwägungen im Vordergrund. Cicero gesteht, dass die Rolle zu dick ausgefallen ist. Also hatte er ein kürzeres Buch in Aussicht genommen; nun hat sich der Stoff gehäuft, die Rolle ist gewachsen und so ist das vom Autor vorausgesetzte Mass überschritten worden. Wir ersehen hieraus, dass der Autor das Mass approximativ im Voraus bestimmt. Dieses Mass kann er überschreiten; er ist an keinen Zwang gebunden.

Wir kommen bei Cornificius zur gleichen Einsicht. Am Schluss des ersten Buches sagt er: nunc quoniam satis huius voluminis longitudo crevit, commodius est in altero libro de ceteris rebus deinceps exponere, ne qua propter multitudinem litterarum possit animum tuum defatigatio retardare[1]).

---

[1]) Vgl. die Auslegung von Th. Birt, p. 151 d. ant. Buchw. Cornificius hütet sich nicht vor dem zu wenig, sondern vor dem zu viel.

Die Rolle ist bis zu einer gewissen Länge angewachsen; nun bricht der Autor ab, weil es für ihn b e q u e m e r ist. Dieses Wort sagt alles.

Wenn das vierte Buch der rhetorica so ungewöhnlich lang ausgefallen ist, brauchen wir dafür nach keinem anderen Grunde zu suchen. Es war bequemer; der Autor mochte nicht eine fünfte Rolle beginnen und verlängert die vierte nach Belieben.

Ein Hauptgewicht scheint Th. Birt auf eine Aeusserung Varro's zu legen de l. l. V, 37 (ed. Spengel): Ad vocabula quae pertinere sumus rati, ea quae loca et ea quae in locis sunt, satis arbitror dicta, quod neque parum multa sunt aperta, neque si amplius velimus, volumen patietur. Nach den bis jetzt gegebenen Erörterungen kann uns dieses volumen non patietur keine grossen Schwierigkeiten machen — besonders wenn wir bedenken, der Sprechende sei in seinen Dispositionen und Theilungen von Pedanterie nicht ganz frei gewesen. Varro hält es für gut, abzubrechen, weil er ein Thema gemäss seinem von vornherein fixirten Plane behandelt hat. Ausserdem hat die Rolle das genügende Mass erreicht.

Am Ende des VII. Buches (Spengel c. 7) lesen wir: Sed quod vereor ne plures sint futuri, qui de hoc genere res. quod nimium multa descripserim reprehendant, quam quod reliquerim quaedam, accusent, ideo potius jam reprimendum quam procudendum puto esse volumen. Quocirca quoniam omnia operis de l. l. tris feci parteis primo quemadmodum vocabula imposita essent rebus .... prima parte perpetrata, ut secundam ordiri possim, huic libro faciam finem.

Varro sagt unumwunden aus, er breche ab, um seiner Disposition gerecht zu werden. Ausserdem befürchtet er, man möchte ihm eher allzu grosse Ausführlichkeit als Knappheit vorwerfen. Darum wolle er das Buch lieber schliessen, als länger werden lassen. So verstehen wir die Worte: ideo potius jam reprimendum quam procudendum puto esse volumen.

Anders erklärt Th. Birt p. 149 n. 1 (d. ant. Buchw.: „procudere ist gesagt statt porro describere". Man vergleiche Hieron. Comment. Ezech. XII, praef „ista quae notariorum stylo cudimus . . .- Mit Belegen aus der späten Kaiserzeit ist jener Gebrauch von procudere für Varro nicht erwiesen. Ausserdem treffen wir bei Hieronymus entweder das blosse Simplex cudere oder stylo cudere, procudere dagegen nirgends. Auch kommt durch die Glosse porro describere ein schiefer Sinn heraus. Varro motivirt einfach den Buchschluss.

Wie verhielt sich ein Quintilian in solcher Angelegenheit? Er gesteht uns, dass er .durch die Fülle des Gegenstandes sich hat bewegen lassen, sein neuntes Buch mehr als die übrigen auszudehnen". Also war er äusserlich durch den .Raumzwang" soviel als gar nicht gebunden [1]).

Wenn derselbe Quintilian das fünfte Buch mit den Worten schliesst: hic tamen habendus istis modus, ut sint ornamento non impedimento, so hat es rein sachlichen Bezug. Er will an die citirten ciceronischen Worte nichts anknüpfen, sonst hören dieselben auf, eine Zier zu sein.

Besonders anschaulich finden auch wir die Aussagen des guten Martianus Capella. Er schriftstellert die ganze Nacht hindurch und würde noch eine Seite ankleben und vollschreiben, wenn der Morgen nicht schon da wäre. Er verfügt also ganz und gar über das Material. Er schreibt fort und fort, die Rolle wird länger und schliesslich wird der umbilicus angenäht. In seinen Nuptiae II, 219 sagt er naiv:

> Ac ni rosetis purpuraret culmina
> Aurora prima et convenustans habitus
> Surgens fenestras dissecaret lumine,
> Adhuc jugata compararet pagina
> Quocumque ducta largiorem circulum.

Am Ende des fünften Buches lesen wir:

> Tandem loquacis terminata paginae
> Asserta cursim, quae tamen voluminis
> Vix umbilicum multa opertum fascea
> Turgore pinguis insuit rubellulum.

Es werden ferner Gedichte des Martial angerufen (bei

---

[1]) J. O. IX. 46: Nam finem imponere egresso destinatum modum volumine festino.

Birt p. 15⸗, welche von allgemeiner Bedeutung sind und keine speciellen Aufschlüsse enthalten.

„Es ist ein andres, Epigramme schreiben und ein Buch publiciren.“ (VII, 85.) Es sei schwer, ein Buch mit lauter Gutem zu füllen, Mittelmässiges müsse immer mit unterlaufen.

Der Dichter will damit nicht sagen: wenn es gestattet wäre, ganz kleine Rollen zu verwenden, so würde ich die mittelmässigen und die schlechten Gedichte ausschliessen und blos die guten publiciren. So ist auch zu verstehen I, 16:

Sunt bona, sunt quaedam mediocria, sunt mala plura
Quae legis hic: aliter non fit, Avite, liber.

Wollen wir auf folgende Weise interpretiren? „Ein Buch entsteht nicht auf andre Weise; es gibt keinen Ausweg: die Rollen sind einmal von gewisser Grösse, man muss sie füllen.“ Nein! Der Dichter spricht viel allgemeiner: Kaufst du ein Buch Epigramme, so musst du auch das Mittelmässige darin in den Kauf nehmen; Bücher, die nur Gutes bieten, gibt es einfach nicht.

Endlich wird von Th Birt wieder ein Kirchenvater ins Feld geführt. Wir erfahren aus einem Geständniss des Hieronymus selbst, dass er in seinem Prophetencommentar zwar suchte, seine Bücher gleich gross zu gestalten, dass es ihm aber nicht immer gelang, dass z. B. das 18. Buch aussergewöhnlichen Umfang erreicht hat Wir lesen in der praefatio dieses Buches: tempus est ut finem imponam volumini ... in cuius expositione si prolixior solito fuero, extremis partibus concedendum est, quas dividere nolui ne librorum numerus augeretur Hieronymus wollte nicht; trotz Raumzwang und Gleichmass hat er sein 18. Buch nach seinem Bedürfniss ausgedehnt.

Wollen wir consequent verfahren, so leugnen wir ebenso eine absolute Minimalgrenze. Die Gründe, welche die Beobachtung eines Maximalmasses erforderten, fallen in diesem Falle weg. Es ist auch in der That keine Ursache, nicht anzunehmen, dass Publicationen kleineren Umfanges stattgefunden haben

Sowohl Cornificius als Martial geben für die Annahme eines Maximalmasses keinen festen Anhaltspunkt. Wir vermögen wenigstens auch mit dem besten Willen nicht, aus der oben citirten Stelle (rhet. ad Her. I. fin.) herauszulesen, dass der Autor „das kleinstmögliche Mass noch mit genauer Noth ausgefüllt habe". Auch mit der von Th. Birt versuchten Deutung des Gedichtes Mart. XI, 108 können wir uns nicht einverstanden erklären. Es wird später darauf zurückgekommen werden.

Seneca fügte seiner sechsten Suasorie noch eine siebente bei (wie die sechste über Cicero) — nicht damit seine Söhne die Rolle bis zum umbilicus aufrollen, damit kein Papier verloren gehe, sondern um zu verhüten, dass Novatus, Seneca jun. und Mela etwa da zu lesen aufhören, wo er die Behandlung der Schulthemen aufgibt: das ist nach der fünften Suasorie [1]). Denn, wenn die sechste noch zu den Scholastica gehört, dann sind die Worte des Seneca absurd (VI, 27): si hic desiero, scio futurum ut vos illo loco desinatis legere quo ego a scholasticis recessi, ergo ut librum velitis usque ad umbilicum revolvere, adjiciam suasoriam proximae similem.

Wenn deren mehrere sind, werden die Söhne auch die letzten Stücke, obgleich sie keine eigentlichen Schulthemen sind, fertig lesen.

Wir finden unter den von Th. Birt aufgeführten Zeugnissen keines, welches von einem Raumzwang spricht. Es steht also seine Hypothese auf schwachen Füssen, wenn sie keine bessere Stütze findet.

Uebrigens — um auf jene Pliniusstelle zurückzukommen (n. h. XIII, 77) — was wäre mit der Conjectur gewonnen, dass „ducenae" das Maximum der Blätterzahl einer Rolle sei?

Plinius sagte: Die Blätter werden aneinandergeleimt, doch nie mehr als 200; aber wohl 199, 150, 100 u. s. w. Ist das eine technische Bestimmung? Was nützt sie in dieser Allgemeinheit?

Was sagt uns dagegen „vicenae"?

Es werden in der Fabrik nie mehr als 20 Blätter aneinandergeleimt [2]). Das ist eine kleinere Einheit; aus solchen setzt sich jedes grössere Ganze zusammen. Plinius beschreibt

---

[1]) Im gleichen Sinn C. Bursian in seiner Recension v. Th. Birt's Werke Jahresber. 1882. Bd. XXXII p. 160—165.

[2]) So vermuthet auch H. Landwehr in seiner Recension von Birt's Buche (Phil. Anz. 1884. XIV. 7. Heft p. 357 ff.).

Punkt für Punkt die Fabrikation des Papiers: Bereitung der scissurae, das texere, glutinare u. s. w. Die dadurch entstandenen Blätter werden zu einer ersten Einheit vereinigt, welche die Verwendung des Papiers im praktischen Leben für allerlei Zwecke gestattet.

Diese erste Einheit bezeichnet Plinius als scapus. Hiebei stützen wir uns auf den von Th. Birt, resp. Dr. Löwe, erbrachten Nachweis p. 239 f.:

1. scapus τόμος βιβλίων, χάρτης, Philox. p. 193, 1 ed. B. Vulc.
2. scapi χάρτης χερδιαχοὶ καὶ χάρτου τόμοι, ders. p. 192, 59.
6. scapus: tumulus, Casin. 90. Vat. 1469 Cas. 218.
7. scapus: tumulus (= tomulus) chartarum, Cas. 218, m. Cas. 90. Vat. 1469 glossae 'aa'. cod. Vat. 1468.

Nr. 1, 2 bes. 6, 7 berechtigen die Auffassung von scapus = τόμος; tumulus. Dies scheint auf eine kleinere Quantität Papier hinzudeuten.

Scapus ist ja ein ungewöhnlicher Ausdruck, der uns in der Litteratur in diesem Sinne sonst nicht begegnet. Es ist ein terminus technicus des Papierfabrikanten; wie wir heute noch von „Heft, Buch" sprechen, sagte er scapus. Es ist nicht die Rolle als Litteraturbuch.

Plinius gibt also kein Maximalmass der Rolle an. Er spricht überhaupt nicht von der Rolle als Trägerin der Litteratur[1]). Er sagt nichts davon, dass die aneinandergeleimten paginae um einen Stab aufgerollt werden und so das Buch entstehe.

Was Plinius thut, ist, aus seinem Wortlaut geschlossen, einfach folgendes. Er schildert die Bereitung des Papiers § 74: praeparatur . . charta), speciell des Einzelblattes. Mehrere Einzelblätter werden zu einer elementaren Einheit verbunden. Der Scapus zählt nie mehr als 20 Blätter. Diese scapi werden praktisch beliebig verwendet, nicht nur zur Herstellung von Buchrollen. Man braucht Papier auch für andre Dinge als zur Schriftstellerei. Plinius hat uns in eine Papierfabrik, nicht in eine Fabrik von Buchrollen geführt. Freilich können beide Industriezweige vereinigt gewesen

---

[1]) Vgl. Th. Birt p. 252: „minder flüchtige Lectüre zeigt, dass Plinius gar nicht an die Buchrolle dachte. Er sagte: magna in latitudine earum differentia."

sein. In der Pliniusstelle verlangen wir, dass man die zwei Begriffe „Papier“ und „Rolle“ aus einander halte.

Man vergleiche über die Auslegung der Pliniusstelle vor allem H. Blümner's Technologie und Terminologie der Gewerbe und Künste I. Bd. p. 317 u. 1.

Der Verfasser referirt die mannigfaltigen Interpretationsversuche und entscheidet sich schliesslich für folgende Auslegung: „Mit den Worten proxumarum semper bonitatis deminutione ad deterrimas meint Plinius wirklich die Schichten, deren Güte, d. h. tenuitas, immer mehr abnahm von der Mitte aus, und mit scapus ist der Stengel der Papyrusstaude gemeint.“ Wir geben zu, diese Erklärung ist plausibel, doch sie erfordert eine Versetzung der interpretirten Worte in § 74 nach den Worten: principatus medio atque inde scissurae ordine. Dieser Satz ist elliptisch, insofern als das Praedicat nicht ausgesetzt ist. Dazu soll noch die lakonische Wendung kommen: proxumarum semper bonitatis deminutione ad deterrimas? Es ist eine starke Zumuthung an die Fassungskraft des Lesers. Ausserdem ist auch sachlich die Versetzung nicht ohne Schwierigkeit. H. Blümner p. 311 n. 1 gibt zu, es sei sehr fraglich, ob die Qualität der Streifen nach der Rinde zu abnahm. Die Beobachtung scheint es nicht zu bestätigen.

Gegen unsere Ansicht (p. 99), die, wie wir sehen, schon durch Lenz in seiner Uebersetzung vertreten ist, wird eingewendet, die Worte proxumarum semper bonitatis deminutione ad deterrimas seien, an ihrer Stelle gelassen, kaum zu erklären.

Allerdings, auch wir weisen die Erklärung von Dureau de la Malle[1]) ab. Es ist in der That undenkbar, dass man eine Rolle aus den verschiedensten Papiersorten zusammengesetzt haben sollte. Nein: gerade die Blätter von guter Qualität kamen zusammen. Es ist natürlich, dass die Fabrik nicht lauter gute plagulae liefern konnte. Das Rohmaterial war ja unmöglich von gleichmässiger Güte; auch mochte die Verarbeitung desselben bald besser, bald weniger gut gelingen. Es gab also gute und schlechte Blättchen. Man sah nun beim Zusammenleimen darauf, dass die guten

---

[1]) Mémoire sur le papyrus et la fabrication du papier chez les anciens. Mém. de l'Inst. XIX p. 171 sqq.

plagulae möglichst zusammen blieben. Es ergab sich so in der Zahl der hergestellten Scapi eine Abstufung von der besten bis zur geringsten Qualität des Papiers. Innerhalb des Scapus mochte diese Abstufung kaum wahrzunehmen sein, während man den Abstand von einem Scapus zum andern fühlen musste. Die Scapi von besserer Qualität verwandete man für feinere Zwecke, als Bücher, Briefe etc. Das ordinäre Papier diente dagegen für untergeordnete Zwecke, etwa als Concept [1]).

Die von Plinius vorgeführte Papierfabrik liefert, nach seinem Bericht, nicht ausdrücklich das Litteraturvolumen, d. h. die Rolle mit umbilici, fix und fertig. Es war ja unter allen Umständen für die Verfertigung der Rollstäbe, für die membranae ein eigenes Handwerk, eine eigene Industrie zu requiriren.

Aus dieser längeren Digression wird klar geworden sein, dass die Papierfabrik die Rollen nicht nothwendig fix und fertig lieferte, dass der Autor nicht sofort auf Rollen schrieb, dass er also im Combiniren und Disponiren eine gewisse Freiheit doch hatte, dass die Herrschaft des Raumprincips nicht eine so absolute war, wie Th. Birt will.

Wir möchten schliesslich noch auf Eins aufmerksam machen.

Cic. ad Att. XVI, 6, 4 bittet seinen Verleger, das Pro-

---

[1]) Wir geben zu, dass der Wortlaut: et siccantur plagulae atque inter se junguntur, proximarum semper bonitatis deminutione ad deterrimas, an andres noch denken lässt, wie denn überhaupt stilistisch dieser Satz zu mancherlei Betrachtungen veranlassen kann. Es fragt sich, ob wir eine Corruptel an dieser Stelle annehmen müssen. Wir glauben nicht. Kühn ist allerdings die Anreihung des ablat. deminutione, doch dürfen wir bei Plinius nicht alles verwerfen, was unserer Logik und Stilistik nicht genau entspricht. Proximarum semper bonitatis deminutione vertritt eine echte Participialconstruction: proximis semper bonitate deminutis. Man könnte übrigens noch an den Ausfall eines participium unmittelbar nach junguntur denken, wie: Collocatae, dispositae. Unsere Fassung ist also folgende: Die Blättchen werden aneinandergeleimt, indem immer die darauffolgenden bis zu den schlechtesten an Güte abnehmen. Wir nehmen eine Masse von 100 plagulae an, sie werden verbunden und geordnet nach der Qualität des Papiers; dieses Princip steht über der Eintheilung in 50 scapi; die scapi selbst nehmen unter sich ab von den feinsten bis zu den ordinärsten Sorten.

oemium des Buches de gloria zu beseitigen, „wegzuschnei-
den". Er habe dasselbe schon im dritten Academicum verwendet. Jetzt möchte Atticus ein neues, das er ihm schicke,
hineinleimen, „tu illud desecabis, hoc agglutinabis". Atticus
liess durch seine glutinatores diese Veränderung vornehmen.
Was er für dieses Prooemium that, konnte er es sonst nicht
thun? War es nicht möglich, je nachdem es wünschenswerth
erschien, die Rolle zu verlängern oder Blätter anzuleimen
und auszuschneiden? Oder hatte er Buchrollen gekauft, von
allen Grössen, für Werke jedes Umfangs? Musste er, wenn
ihm ein Verlagsartikel übergeben wurde, aufs Gerathewohl
eine Rolle nehmen von 100, 150 plagulae, auf die Gefahr
hin, dass sie nicht ausgefüllt würde? ·

Wie unbequem musste dieses Geschäft sein! Wir stehen
nicht an, zu glauben, dass der Verleger sich seine Rollen
zuschnitt und zusammenleimte. Wie leicht war es, Blätter
herauszuschneiden, solche hineinzuleimen, auch wenn die
umbilici schon von der Fabrik her befestigt waren!

Allein für diese Annahme haben wir meines Wissens
keinen festen Grund. Man denke übrigens, wie umständ-
lich das Abschreiben auf einer fertigen Rolle von 2—10 m
Länge sein musste; wie viel leichter dagegen das Abschreiben auf einzelne Blätter, überhaupt auf kleinere Einheiten war!

Wir glauben, man kann den Alten das praktischere
Verfahren zuschreiben, da für die Verwendung des anderen
(Abschriften auf fertigen Rollen) keine Beweise erbracht
werden können.

Wir denken uns die Sache in folgender Weise.

Der Bibliopole kauft sich das Papier in Bogen (scapi).
Diese Bogen werden einer nach dem andern vollgeschrieben.
Erst nachträglich werden sie zusammengeleimt, zu einer
Rolle vereinigt und die Rollen mit umbilici versehen [1].

Dass dies das Verfahren des Autors zu sein pflegte,
beweist schon jene vertrauliche Mittheilung des Martianus
Capella: „Er würde noch eine Seite ankleben, wenn nicht
der Morgen schon da wäre." Er schreibt Blatt um Blatt

---

[1] Dadurch fällt auch neues Licht auf die vicenae plagulae des
Plinius.

voll, leimt sie zusammen und schliesslich wird der umbilicus befestigt [1]).

Auffallend stimmt dazu eine ausdrückliche Notiz des Ulpian in den Digg. XXXII, 50: Sed perscripti libri nondum malleati vel ornati continebuntur (legatis libris, pro inde et nondum conglutinati vel emendati continebuntur; sed et membranae nondum consutae continebuntur.

Ulpian hat offenbar Papyrusrollen im Sinne, welche, in einzelnen Stücken geschrieben, erst nachträglich zusammengeleimt wurden [2]).

— —

[1]) Man vergleiche Lucian adv. ind. 17: τίνα γὰρ ἐλπίδα καὶ αὐτὸς ἔχων ἐς τὰ βιβλία ἀνατυλίττεις ἀεὶ καὶ διακολλῆς καὶ περικόπτεις καὶ ἀλείφεις τῷ κρόκῳ καὶ τῇ κέδρῳ καὶ διφθέρας περιβάλλεις καὶ ὀμφαλοὺς ἐντίθης, ὡς δὴ τί ἀπολαύσων αὐτῶν;

[2]) In ähnlichem Sinne hatte sich schon vor uns über die ganze Frage ausgesprochen Erwin Rohde (Gött. Gel. Anz. 1652 St. 40 p. 1387 ff). dessen Artikel über Birt's Buch uns erst nachträglich bekannt geworden ist.

Der Verfasser anerkennt, dass die auffallende Thatsache eines Zwanges zur Vertheilung grösserer Werke auf mehrere Bücher durch die Benutzung bestimmt begrenzter Papyrusrollen für die Publication jener Werke wenigstens zum Theil mit erklärt wird. Aber freilich habe Birt die Regel, deren Richtigkeit im Allgemeinen unbestritten bleiben solle, vielfach stark überspannt. Zunächst weist der Recensent mit durchschlagenden Gründen nach, dass in der Praxis und daher auch im Sprachgebrauch der Alten die Einheit von „Buch" und „Rolle" bei weitem nicht so streng und ausschliesslich festgehalten worden ist, wie Birt behaupten möchte.

Es kam vor, dass man einzelne Bücher auf mehrere Rollen vertheilte, mehrere Bücher in einer Rolle vereinigte; auch wurde frühzeitig schon (früher als Birt will) der Pergamentcodex hier und da der Rolle substituirt. Demnach könne ein äusserlicher Zwang, grössere Werke nach Massgabe der bestimmt begrenzten Papyrusrollen in Bücher zu zerlegen, für antike Autoren in dem Masse, wie Birt annimmt, nicht existirt haben.

Aber auch den Zahlen gegenüber, welche Birt in seinem sechsten Capitel zusammenstellt, verhält sich Rohde sehr kühl. Zwischen dem angenommenen Maximalumfang und dem Minimum der Rolle liege ein so grosser Abstand, es finden im Umfang der einzelnen Bücher eines und desselben Werkes solche Schwankungen statt, dass man nur schwer an den Zwang glauben könne

Fasst man alles zusammen, so schliesst der Recensent, so wird man erkennen, dass erst einer bestimmten Zeit die Sitte aufkam, grössere Werke in mehrere „Bücher" oder Bände zu zerlegen, deren

2. Das Autorrecht.

Bei der Popularität der Gedichte des Martial war es zu erwarten, dass auch Unberufene mit diesem so beliebten Artikel zu speculiren versuchen würden, sei es um Geld, sei es um Ruhm zu erwerben. Die Einen begnügten sich damit, martialische Verse in ihre Gedichte einzustreuen, Goldkörner in den Sand zu mengen (Mart. X, 100):

> Quid, stulte, nostris versibus tuos misces?
> Cum litigante quid tibi, miser, libro?
> Quid congregare cum leonibus vulpes
> Aquilisque similes facere noctuas quaeris? . . .

Andere kaperten seine Gedichte weg, um sie als ihre eigenen Producte zu recitiren (Mart. XII, 63, 6 sq.):

> Dic vestro, rogo, sit pudor poetae.
> Nec gratis recitet meos libellos:
> Ferrem, si faceret bonus poeta,
> Cui possem dare mutuos dolores:
>
> . . . .
>
> 12 Nil est deterius latrone nudo
> Nil securius est malo poeta.

Als plagiarius κατ' ἐξοχήν ist uns Fidentinus bekannt [1], an welchen gerichtet sind eine Reihe von Epigrammen (I, 29, 38, 52, 53, 66, 72). Nachher wird er sein Handwerk aufgegeben haben. Sobald Martial in einem weitern Publikum durch Edition bekannt wurde und er, der Fälscher, dem Leser signalisirt war, musste er von seiner Falschmünzerei abstehen. Den Anfang seiner Thätigkeit werden wir am

––––––

Umfang die Autoren wohl nicht ganz ohne Rücksicht auf die im Buchhandel üblich gewordenen Formate der Papyrusrollen abmassen, hauptsächlich aber nur nach inneren Erfordernissen bestimmten. Dass die künstlerischen Motive die eigentlich bestimmenden für die Buchtheilung waren, zeigt sich daran, dass auch da, wo die Coincidenz von Rolle und Buch fortfiel, die Buchtheilung nicht aufgegeben wurde.

So lautet Rohde's Urtheil. Wir stützen uns gern darauf; zugleich aber freut es uns, hoffen zu dürfen, dass das, was wir über gewisse Theorien von Birt beigebracht haben, nicht überflüssig war.

[1] Teuffel RLG p 731 der IV. Aufl. fasst den Namen Fidentinus wie auch andre bei Martial als typisch auf.

einfachsten in die Zeit setzen, da Martial durch den Buchhandel noch nicht verbreitet war; er setzte sie freilich fort, auch nach der Edition (Mart. I, 29):

> Fama refert nostros te, Fidentine, libellos
> Non aliter populo quam recitare tuos.
> Si mea vis dici, gratis tibi carmina mittam:
> Si dici tua vis, en, eme, ne mea sint.

Fidentinus soll also diese Gedichte kaufen, um sie als die seinigen vortragen zu können.

Es fragt sich, wie der Kauf der Gedichte gemeint ist, ob es der blosse Ankauf eines Bandes oder der Kauf des Autorrechts ist. Zur ersteren Annahme bekennt sich Oudendorp mit seiner Conjectur haec statt des überlieferten hoc eme in v. 4 (en, eme ist Schreibung von Schneidewin). Wir schliessen uns Flach an und behalten das handschriftliche hoc. Es handelt sich um den Kauf des Eigenthumsrechts. Wenn es dem Fidentinus bloss um den Besitz eines Bandes Gedichte zu thun war, so brauchte er keinen Preis zu bezahlen. Martial will ihm ja ein Exemplar schenken. Allein Fidentinus will die Gedichte als die seinigen vortragen, er will deren Verfasser sein. Dieses Recht tritt Martial nur gegen Bezahlung ab.

Flach's Aenderung in v. 4 „quod mea sunt" ist überflüssig. Das überlieferte ne mea sint ist ungleich kräftiger: „kaufe sie, damit sie nicht mein seien; sie dürfen nicht mir gehören, wenn du sie für die deinigen ausgeben willst".

Ob Fidentinus jene Gedichte damals schon (beim Buchhändler) gekauft hatte, ist nicht auszumachen; es bleibt auch ohne Einfluss auf die Lösung der Frage. Denn dadurch, dass man ein Libell beim Buchhändler kauft, ist man noch bei weitem nicht dessen „Eigenthümer", d. h. dessen Verfasser. Dieser verkehrten Ansicht huldigte, wie es scheint, Paulus, II, 20:

> Carmina Paulus emit, recitat sua carmina Paulus,
> Nam quod emas, possis dicere jure tuum.

Darin eben liegt die Pointe, dass Paulus sich als Verfasser des gekauften Buches geberdet. Dies ging zu Martials Zeiten ebensowenig wie heutzutage an; nur, dass wir

für das römische Alterthum keine Gesetze betreffend Schutz
des litterarischen Eigenthums kennen.

Deutlicher noch tritt uns die Sachlage aus I, 66 vor
Augen, einem Epigramm, welchem bis jetzt noch nicht gehörige Beachtung geschenkt worden ist. Man pflegt nämlich
univ zu behaupten, die Alten hätten nichts von litera-
rischem Eigenthum gewusst. Man stützt sich auf jene
Nachricht von der Herausgabe des Cato von Hirtius durch
Cicero (Cic. ad Att. XII, 40, 1 [1]).

Es genügt schon an Mart. II, 20, um diese Ansicht als
unbegründet zu erweisen. Man höre aber, wie sich der
Dichter im 66. Epigramm des ersten Buches ausspricht:

> Erras meorum fur avare librorum,
> Fieri poetam posse qui putas tanto,
> Scriptura quanti constat et tomus vilis.
> Non sex paratur aut decem sophos nummis:

Das Autorrecht kostet mehr als Schreiberlohn und
Papier; mit 4—6 HS wird man nicht Dichter.

Es ist wahrscheinlich, dass das Publikum keinen Augen-
blick hintergangen wurde, sondern die Fälschung sofort
wahrnahm und selbst schon den Autor rächte; daher auch
dieser sich begnügte, mit seinen Epigrammen den Plagiarius
zu bespötteln [2]).

Solche Fälschungen konnten dem Dichter keinen beträchtlichen Schaden zufügen. Ja, er mochte es nicht ungern
sehen, wenn ein Liebhaber sich bei ihm unedirte Gedichte
kaufte und als die seinen herausgab.

Martial gibt Fidentinus den offenen Rath (I, 66, 5 sqq.):

> Secreta quaere carmina et rudes curas
> Quas novit unus scrinioque signatas
> Custodit ipse virginis pater chartae.

„Kaufe dir die Gedichte, welche noch bei mir im Pulte
liegen, noch nicht edirt, ja noch nicht ausgefeilt sind (rudis

---

[1]) So denkt G. Boissier in dem oben angeführten Aufsatz über
Atticus éditeur de Cicéron p. 100.

[2]) In I, 53 beachte man die juristischen Ausdrücke: v 11 und 12
Indice non opus est nostris nec judice libris, Stat contra dicitque tibi
tua pagina „fur es“.

— nondum perpolitus et emendatus), von welchen einzig der Dichter weiss" (v. 9):

> Mutare dominum non potest liber notus.

„Ein edirtes Buch kann den Herrn nicht wechseln. Es geht nicht an; man kann seinen Namen nicht demjenigen des Autors substituiren. Kaufe die Gedichte, die noch nicht edirt sind; erwirb dir das Autorrecht über dieselben." v. 10 sqq.:

> Sed punicata fronte si quis est nondum
> Nec umbilicis cultus atque membrana,
> Mercare: tales habeo; nec sciet quisquam.
> Aliena quisquis recitat et petit famam,
> Non emere librum, sed silentium debet.

„Richter ist das Publikum. Um vor ihm sicher zu sein, ist es am besten, du erkaufst dir das Stillschweigen des Autors." Es wird also von Martial ein bestimmter Weg gezeigt, auf welchem man zu litterarischem Eigenthum gelangen könne: durch Kauf der Gedichte vor der Edition. Damit verzichtet der Dichter nicht nur auf das Recht, sie selbst zu ediren, sondern überhaupt auf deren Autorschaft.

Wir haben bereits oben zwei Fälle constatirt (p. 81 f.), wo es sich um Abtretung eines Manuscripts handelte: Pompilius Andronicus sieht sich aus Noth genöthigt, seine Elenchi Annalium zu verkaufen. Er verzichtet auf das Recht, sie zu ediren, und auf die Autorschaft derselben. Das Buch geht ganz in den Besitz des Käufers über. Dieser kann dasselbe jetzt unter seinem eigenen Namen herausgeben. Wie Plinius zu solch einem Handel sich nicht entschliessen konnte, bedarf jetzt auch keiner besonderen Erklärung.

Man kann also den Alten nicht vorhalten, sie hätten von Autorrecht nichts gewusst. Das Recht der Autorschaft wurde anerkannt. Um es zu erwerben, war ein Contrakt nöthig. Dieses Recht musste mit Geld erkauft werden — Rechtliche Bestimmungen über diesen Gegenstand sind uns dagegen keine bekannt.

3. Das Verlagsrecht.

Aus unserem dritten Abschnitt ist klar geworden, dass das Verhältniss zwischen Autor und Verleger kein rechtliches war. Es wurde kein Verlagsvertrag geschlossen, durch welchen der Autor berechtigt war, die Vervielfältigung seines Werkes zu verlangen. Ebenso wenig hatte der Editor das ausschliessliche Recht der Verbreitung eines Buches. Die nächste Consequenz, welche sich dem Betrachter auferlegt, ist, dass man im römischen Alterthum von Verlagsrecht überhaupt nicht sprechen kann.

Wir sehen denn auch, wie einerseits der Autor in gewissem Grade zuerst in Selbstverlag erscheint; wie er auch, nachdem sein Buch in den Handel gekommen ist, nichts desto weniger befugt ist, sich fernerhin eigene Copien zu verfertigen und dieselben nach seinem Belieben zu verwenden. Andrerseits ist es eine unbestreitbare Thatsache, dass die Privatabschrift dem Buchhandel in der Verbreitung der Werke römischer Litteratur thätig zur Seite stand. Th. Birt hat einige der wichtigsten Beispiele hierfür zusammengestellt (p. 282 f. d. ant. Buchw.). Zu vergleichen sind besonders die Stellen Cic. ad Att. II. 20, 6 ad fam. XVI, 21 fin. Birt bezeichnet diese Privatthätigkeit als Concurrenz, welche die Buchverbreitung durch Unternehmer beeinträchtigen musste. Dass den Buchhändlern daraus Schaden erwuchs, lässt sich nicht bezweifeln. Doch wer hatte das meiste Recht für sich, die Vervielfältigung zu betreiben? Wer hatte denn das Recht der Vervielfältigung erworben, der Buchhändler oder der Bücherfreund? Keiner von beiden. Beide, Bibliopole und Bibliophil, konnten unbehelligt abschreiben; so waren beide gleichberechtigt.

Allein für den Privatmann war die Sache ungleich compendiöser und umständlicher. Hatte er Sklaven, so blieb ihm in den meisten Fällen die Aufsicht und Correktur; auch konnte ein Mann von gewöhnlichen Vermögensumständen seine Sklaven nicht unaufhörlich mit Abschreiben beschäftigen. Der Privatmann hatte zwar die Kosten an Papier und Tinte in gleichem Masse ungefähr zu tragen wie der Buchhändler. Darum erwähnt Martial als Vorzug seines zweiten Buches (ep. 1), dass man es leicht in einer Stunde abschreiben könne:

v.5 sq.: Deinde quod haec una peragit librarius hora
      Nec tantum nugis serviet ille meis.

Allein der Aufwand an Zeit und Arbeit war in einer Offi-

ein viel geringer. Der Buchhändler mochte 10 Exemplare
herstellen, während der Privatmann nur eins fertig
brachte.

Durch diese ungünstigen Proportionen war jedenfalls
dem Privathandwerk schon eine gehörige Schranke gelegt.
Freilich mochte es gerade vorkommen, dass ein speculativer
Kopf dieses „Privatabschreiben" in grösserem Massstabe
betrieb und daraus Gewinn zog, indem er selbst Exemplare
verkaufte. Wir haben keine Andeutungen dafür, dass
Bibliopolen über Beeinträchtigung durch solche Massencopien
Klage führen konnten (Th. Birt p. 359). Wir glauben auch
nicht, dass sie principiell zu solcher Klage berechtigt waren.
Konnte ja doch der Buchhändler sein „Recht" auf keinen
Contrakt zurückführen? Auf welches Document sollte er
appelliren?

In den Provinzen war geradezu diese selbständige
Vervielfältigung und Verbreitung eines Werkes, unabhängig
vom Verleger in der Hauptstadt, das gewöhnliche Verfahren,
in vielen Fällen gewiss unvermeidlich. Plinius wusste nicht,
dass es in Lugdunum Buchhändler gebe; noch weniger
dachte er, dass man dort seine Schriften vervielfältige und
verkaufe. Dem Autor konnte es nur zur Freude gereichen.
Sein einziges Postulat an den Buchhändler war, dass die
Exemplare möglichst fehlerfrei in die Welt hinausgingen.

Man könnte uns eine gewisse Aeusserung des Seneca
entgegenhalten und behaupten, das Verlagsrecht sei doch
anerkannt und erkauft worden. Ein unbefangener Leser
jener Worte des Seneca (de ben. VII, 6, 1) wird aber keine
Nachricht von einem Verlagsrecht finden, welches Dorus
von den Erben des Cicero und des Atticus abgekauft hätte:
Alter rei dominus est, alter usus. Libros dicimus esse
Ciceronis; eosdem Dorus librarius suos vocat: et utrumque
verum est: alter illos tamquam auctor sibi, alter tamquam
emptor asserit.... Jener librarius hat die Schriften des
Cicero käuflich erworben; er besitzt sie und betreibt nun
deren Verbreitung. Er gibt dem römischen Publikum eine
neue Ausgabe von Cicero

Dieser Ausgabe sind die Originalmanuscripte zu Grunde
gelegt, welche er erworben hat. Wir erinnern an die oben
aus Fronto beigebrachte Notiz, dass die Atticusausgabe des

Cicero auch in der späteren Kaiserzeit gesucht war. Es
galt als Empfehlung, wenn der neue Herausgeber Cicero's
versichern konnte, er habe die atticianischen Originalexemplare seinem Texte zu Grunde gelegt. Dass Dorus das ausschliessliche Recht der Publication ciceronischer Schriften
damit erwarb, glauben wir nicht; auch halten wir dies
nicht für möglich und durchführbar, dass er allein von nun
an den Verlag besorgte.

4. Die Buchpreise.

Diese Frage entbehrt nicht eines gewissen Interesses.
Möchte doch auch mancher Laie wissen, ob die Bücher im
Alterthum theuer waren. Von vornherein erklären wir, dass
wir auf die Beantwortung dieser Frage verzichten. Man
fragt naiv, ob der Preis eines Buches zu Rom hoch oder
niedrig war. Man prüft die Nachrichten der Alten. Man
untersucht, vergleicht die Werthe, zieht seine Resultate und
nun spricht der eine: die Bücher waren billig, der andre
sagt, sie waren theuer. Jener redet von staunenswerther
Billigkeit, dieser von unverschämten Preisen. Alle stehen
auf dem gleichen Boden, insofern sie die nämlichen Belege
der Schriftsteller verwenden — und insofern sie das Gebiet
der Willkür betreten. Bei alledem stellt sich der Kritiker
unbewusst auf modernen Standpunkt. Es kann nicht anders
sein; jene Beurtheilungen müssen subjectiv, müssen will-
kürlich sein. Hört man ja heute noch soviel streiten über
relative Billigkeit und Theuerung der Bücher.

Die Beantwortung jener Frage von subjectivem, weil
modernem Gesichtspunkt kann daher für die Wissenschaft
keinen realen Werth haben.

Wir führen einige Sätze unserer Vorgänger vor (z. Th.
nach Schmitz):

Becker (Gallus II p. 450): „Der Preis, zu dem die
Bücher verkauft wurden, muss im Grunde immer mässig
erscheinen, zumal da der äussere Schmuck denn doch auch
in Anschlag zu bringen ist.“

A. Schmidt (Gesch. der Denk- und Glaubensfreiheit
p. 135). „Die Preise erscheinen im Vergleich mit den jetzigen gegen alle Erwartung nicht höher, sondern vielmehr
niedriger.“ Dann kommen wir schliesslich dazu, uns in jene

Zeit, wo man die Bücher abschreiben musste, Seite um Seite, als in das goldene Zeitalter des Buchhandels und der gelehrten Studien zurückzuwünschen. Und worauf stützt Schmidt diese seine Entdeckung? Auf Mart. XIII. 3. Man höre nur. Das dreizehnte Buch verkaufte der Verleger Tryphon für 70 cent. (4 HS); allein er würde auch mit dem halben Preis (70:2 = 35 cent.) seinen Profit machen. „Wir ersehen hieraus", schliesst Schmidt, „dass für Schriften dieses Umfangs der sonst übliche Preis 35 cent. war." Nach Abzug von ca. 15 cent. für Einband der Rolle, kommen wir auf einen Durchschnittspreis von 14,21 cent. für den heutigen Druckbogen Text.

Jener Schluss auf einen „gewöhnlichen" Preis von 35 cent. hat uns irre geführt.

Total verschieden ist wiederum die Ansicht von Manso (vermischte Abh. und Aufs. p. 277): „Es weisen nicht nur die Seltenheit der Privatbibliotheken (bloss begüterte Männer, die sich eigene librarii halten konnten, wie Varro, Cicero, Atticus, freuten sich eines solchen Besitzthums) und das früh gefühlte Bedürfniss, dem Verlangen nach Unterricht durch öffentliche Büchersammlungen zu Hülfe zu kommen, auf die Kostbarkeit und Theuerung der Bücher hin." Dieses Argument mag für die republikanische Zeit gelten, wo litterarische Bedürfnisse eigentlich erst erwachten, wo die Litteratur erst ihrer Blüthezeit entgegenging. Wie ganz anders haben sich mit der Monarchie diese Verhältnisse gestaltet!

Manso findet zwei Zeugnisse (Gell. III, 17 und Mart. I, 117, aus denen sich auf theure Preise schliessen lässt.

1. Plato (philosophus tenui admodum pecunia familiari) kauft drei Bücher des Pythagoräers Philolaus um 10,000 Denare. Aristoteles kauft einige wenige Schriften (libros pauculos) des Speusippus um 3 attische Talente — post mortem eius. Diese Summen sind in der That fabelhaft. Doch gerade darum sind sie unmöglich massgebend. Sie gestatten auf Durchschnittspreise keinen Rückschluss. Wir sind der Ansicht, dass es sich auch hier um besonders werthvolle Abschriften, vielleicht um Handexemplare der Verfasser handelte. Vielleicht waren es auch unedirte Manuscripte. Deshalb konnte sie auch Aristoteles erst nach Speusippus'

Tode käuflich an sich bringen. Ein Analogon hätten wir in der römischen Litteratur bei Gell. II, 3, 5: Fidus Optatus der Grammatiker kauft bei einem Buchhändler ein Exemplar von Vergil's Aeneis II. Buch — mirandae vetustatis — möglicherweise ein Autographum.

Jene Fälle (Gell. III, 17) sind ja übrigens der griechischen Geschichte entnommen und gehören einer früheren Periode an. Sie können also nicht für directe Zeugnisse gelten.

Das zweite Beispiel, welches Manso citirt, werden wir bald eingehend besprechen.

Hübsch ist die Darstellung bei Fr. Schmitz (de bibliop Rom. p. 7—10). Der Werth der Abschriften, sagt er, stieg mit der Correktheit des Textes (cf. Mart. VII, 11; 17). Im übrigen findet er, die Preise seien nicht so gering gewesen.

Rationeller urtheilt H. Göll (ü. den Buchh. p. 9): „Der Preis der Bücher in Rom war natürlich nach Kalligraphie, äusserer Ausstattung, Correktheit, Alter, Format sehr verschieden. Wären sie kostspielig gewesen, so hätten sie nicht so verbreitet sein können, und dass sie im ganzen für die damaligen Verhältnisse nicht zu theuer waren, geht auch aus den wenigen Stellen hervor, die uns directe Preise nennen." Er constatirt eine Prachtausgabe Martial's (I, 117) und eine billige Volksausgabe (I, 66). Diese letzte mit der wohlfeilen (XIII, 3) Ausgabe der Xenien zusammengenommen, ergibt einen Durchschnittspreis für den ganzen Martial von ca. 26 fr., „einen Preis, der, wenn man für die einzelnen Einbände die Hälfte in Abzug bringt, gering genug ist".

Auf festen Boden treten wir eigentlich erst mit Th. Birt. Er will kein festes Resultat aufstellen. Die Preisangaben für die Bücher, die wir gelegentlich erhalten, sind durchaus ungenügend und lassen eine Vergleichung der Werthe nicht zu (cf. p. 83 d. ant. Buchw.).

Man operirt mit Werthangaben über Papier, Einband, Schreiberlohn, die im gewöhnlichen Fall fingirt sind, jedenfalls nirgends eine Durchnittsrechnung ermöglichen. Auch bleibt immer das schwierige Problem der vergleichenden Werthbestimmung im Hintergrund.

Wir beanspruchen also gar nicht, einen einigermassen haltbaren Begriff der Buchpreise im antiken Rom zu eruiren. Wir prüfen die Angaben der Alten nach der Möglichkeit ihrer Harmonirung.

Wir fragen die Alten selbst, ob für sie die Bücher theuer waren.

Einem Dichter, der sich einen Band Epigramme gekauft hatte und als sein eigen Werk ausgab, ruft Martial zu (X. 66):

> Erras meorum fur avare librorum
> Fieri poetam posse qui putas tanto,
> Scriptura quanti constat et tomus vilis.
> Non sex paratur aut decem sophos nummis.

Man zahlt an einem Buche wesentlich zweierlei: scriptura und tomus. Hierfür werden zwei Ansätze gegeben: 6 oder 10 HS. (so auch Friedländer Sittengesch. III, 370 und F. Schmitz, Goell etc.). Martial gibt keinen fixen Preis an.

Die Auslegung Th. Birt's (p. 209 n. 2) will uns nicht gefallen. Nach ihm liesse Martial die zwei Preise den zwei genannten Kaufobjecten entsprechen. „Es würde zu einem Martialbuch demnach der Papyrus 6 Sesterz, der Schreiberlohn 10 Sesterz betragen, oder umgekehrt — da der Dichter hier möglicherweise chiastisch redet, die Gesammtherstellungskosten des Buches ohne paenula also 4 Denare, während der Ladenpreis mit paenula zu 5 Denaren stieg (Mart. 1, 117, 17)."

Gegen diese Auffassung spricht nun entschieden der Gebrauch der Partikel aut: „Man erwirbt sich ein Bravo nicht mit 6 oder 10 Sesterzen" Zwischen diesen zwei Werthen variirt der gewöhnliche Preis eines Buches.

Die starke Differenz der Ansätze darf uns nicht anstössig sein. Man vergleiche das dritte Epigramm des 13 Buches, wo der Dichter in gleich freier Weise von 4 zu 2 Sesterzen springt. Die sich nach Th Birt ergebende Uebereinstimmung mit den 5 Denaren in 1, 117, 17 stimmt uns gerade misstrauisch. Wie soll sich dieser hohe Preis mit dem ganz niedrigen Ansatz in XIII, 3 vereinigen lassen?

Nehmen wir dagegen die zwei Zahlen 6 und 10 HS getrennt (1 fr. 5 ct. — 1. 75 ct. ca.), so entspricht ziemlich genau die Preisangabe zu Buch XIII: 4 HS.; man braucht nur die Grösse der Bücher in Betracht zu ziehen.

Andrerseits lässt sich jene Angabe bei Statius (Silv. IV, 9) auch sehr wohl vergleichen, trotz des altrömischen decussis. Wir haben einen Werthansatz von 70 ct. für die unbeschriebene Rolle, und von ca. 1 fr. 5 ct. bis 1 fr. 75 ct. für die Rolle mit Text.

Die wenigen Mittheilungen der Autoren über diesen Fragepunkt lassen sich also ohne Schwierigkeit mit einander in Einklang bringen. Doch wie erschienen diese Preise dem Römer, dem Publikum, das die Bücher kaufte und las?

Aufklärung gibt uns das schon vielfach citirte dritte Epigramm des 13. Buches [1]):

> Omnis in hoc gracili Xeniorum turba libello
> Constabit nummis quattuor empta tibi.
> Quattuor est nimium? poterit constare duobus,
> Et faciet lucrum bibliopola Tryphon.

Das Buch kostet 4 Sesterzen; auch zum halben Preise verkauft, wird es dem Verleger Gewinn bringen. (Dies die ausdrücklichen Worte des Dichters.) Es war nur möglich, wenn das Gewerbe des Buchhändlers auf hoher Entwicklungsstufe stand, die Herstellungskosten also gering waren. Martial konnte bloss dann so reden, wenn er wusste, dass seine Gedichte viele Käufer finden. Dass er toto orbe gelesen und „gesungen“ wurde, ist Thatsache. Dieser rasche und grosse Absatz ist zum guten Theil durch die Billigkeit des Materials bedingt. **Das Publikum fand die Preise nicht zu theuer und verhalf dem Buchhändler zu guten Geschäften.**

---

[1]) Mit diesen Worten (v. 4) schliesst, glauben wir, das Epigramm ab:
> poterit constare duobus,
> Et faciet lucrum bibliopola Tryphon.

Darin liegt die Pointe. Eine zweite enthält der Vers:
> Praetereas si quid non facit ad stomachum.

Jene acht Verse, die man als drittes Epigramm zusammenschiebt, enthalten also die Elemente zu zwei Sinngedichten. Für diese Trennung spricht auch der Palatinus opt., welcher nach den Worten: bibliopola Tryphon einen leeren Raum aufweist. Im ersten spricht der Dichter vom Preise des Buches, im zweiten vom Zwecke desselben.

5. Die Dedication.

Der Künstler, welcher sein Werk der Gottheit weiht, der Autor, welcher seine Schrift einem Freunde widmet, beide gehorchen ursprünglich dem gleichen Triebe. Sie sind von Ehrfurcht und Liebe bewegt und geben ihren Gefühlen Ausdruck, jeder in seiner Weise, jeder nach der Beschaffenheit des Objects.

Die Gottheit erheischt Anbetung und völlige Hingabe; den Menschen erfreut auch ein bescheidenes Geschenk. Jener Künstler weiht sein Werk der Gottheit zu ewigem Besitz. Sein Act ist ein Gebet. Er zuerst kann sprechen: dico. Dicare (Dedicare) ist zunächst terminus technicus des religiösen Lebens. Erst in zweiter Linie geschieht die Anwendung auf menschliche Verhältnisse. Dicare wird von der litterarischen Widmung gebraucht (auch dedicare). Jenes findet sich Quint. I. O. IV pr. 1. Plin. n. h. praef. 12. Phaed. praef. I. III; dieses (dediare) Quint. I. O. I pr. 6. Plin. n. h. praef. 11. Dico und dedico werden also promiscue gebraucht.

Der Autor will Achtung und Liebe erzeigen; sein Motiv ist rein menschlicher Natur. Und doch mischt sich darin ein übernatürliches Gefühl. In der Dedication liegt gleichsam die Anrufung eines Patrons, dessen Schutz man sein Werk anvertrauen möchte.

Die ersten Beispiele von Dedication in der römischen Litteratur lernen wir aus Cicero's Briefwechsel kennen.

Es ist der gelehrte Varro, welcher sein Werk de lingua latina dem Cicero zu widmen gedenkt. Zwei Jahre vergehen, ehe die Widmung geschieht. Varro klagt, Cicero schriftstellere viel und widme ihm nichts. Darauf jene Umarbeitung der Academica, jenes monatelanges Hin- und Herschwanken zwischen Brutus und Varro, jene ewigen Fragen des Verfassers an Atticus: soll ich es thun? soll ich es nicht thun? — Dann endlich die Uebergabe des Buches an Varro.

Cicero hat seine Academica Varro zu Ehren umgearbeitet. Quintilian ep. ad. Tryph. hat sein Handbuch „an Marcellus Vitorius" geschrieben. Diesen Leuten war die Dedication nicht blosse Anstandsformel oder Speculation, zu der man schnell vor der Edition seine Zuflucht nimmt. Sie war, was sie sein soll: lebendiger Ausdruck der Gefühle.

Der Name desjenigen, welchem die Widmung gilt, wird dem Titel einverleibt, die Person desselben wird mit dem Werk unzertrennlich verknüpft.

Cicero verfasste und publicirte:

De finibus bonorum et malorum ad M. Brutum libri quinque,
Tusculanarum disputationum ad M. Brutum libri quinque.
Cato major de senectute ad T. Pomponium Atticum,
Laelius de amicitia ad T. Pomponium Atticum,
De officiis ad Marcum filium libri tres.

Quintilian schrieb:

Institutionis oratoriae ad Vitorium[1] Marcellum libri XII

Wir könnten diese Zeugnisse vermehren.

Lesen wir jene Schriften. In den ersten Zeilen begegnen wir dem Namen desjenigen, dem die Widmung gilt; er wird angeredet; für ihn zunächst schreibt der Autor. Er schreibt gelegentlich auch auf seinen Wunsch; so Quintilian I. O. VI p. 1: Haec, Marcelle Vitori, ex tua voluntate maxime ingressus. Warum er dem Freunde willfährt, sagt er uns deutlich I pr. 6.

Diese Anrede (analog heisst der griechische terminus für Dedication προσφώνησις) ist durchgehend wiederholt am Anfang jedes Buches, jeder Rolle (Cic. Tusc. I, II, III, IV, V. de off. I, II, III). Wo die direkte Anrede nicht vorkommt, gestattet es der Zusammenhang nicht. Sie wird unterlassen, wenn die Buchtheilung rein äusserlich ist und die Unterredung ungestörten Fortgang hat (de fin. II, IV; de deor. nat. II, III).

Cicero pflegt bei der Widmung seiner Schriften die Wünsche seines Verlegers zu berücksichtigen. So hat er seine Bücher de finibus auf Wunsch des Atticus dem Brutus gewidmet (ad Att. XIII, 12, 3): Nunc illam περὶ τελῶν σύνταξιν sane mihi probatam Bruto, ut tibi placuit, despondimus (sic) idque eum non nolle mihi scripsisti. Atticus hatte sich danach erkundigt, ob Brutus geneigt sei, die Widmung anzunehmen. Auch die Academica posteriora will

---

[1] „Vitorius" statt Victorius schreiben wir nach Th. Mommsen Herm. XIII, 1878. 428 ff.; cf. Bursian Jahresber. 1878 p. 166.

Cicero nur unter Zustimmung seines Verlegers dem Varro dediciren (si tu hoc probas).

Derjenige, dem das Werk gewidmet ist, erhält das erste Exemplar der Edition. Cicero ist unwillig darüber, dass Balbus die Bücher de finibus vor Brutus, welchem sie gewidmet waren, erhalten hat (ad Att. XIII, 21, 4).

Dieses erste Exemplar lässt der Autor durch seine eigenen librarii verfertigen (ad Att. XIII, 21, 4; 23, 2). Die Abschrift wird sorgfältig corrigirt. Für diesen speciellen Zweck wählt man eine elegante Rolle; grösseres Format, feineres Papier (cf. ad Att. XIII, 25, 3: quoniam impensam fecimus in macrocolla, facile patior teneri).

Der Autor schickt in der Regel das Dedicationsexemplar selbst (Cic ad Att. XIII, 23, 2; 22, 2). Die Academica freilich hat Atticus übergeben müssen (ib. XIII, 44, 2); dies aus speciellen Gründen.

Vor dem Exemplar oder gleichzeitig mit demselben geht eine Dedicationsepistel ab. Ein Muster davon haben wir in dem Briefe des Cicero ad fam. IX, 8, welcher gewöhnlich an der Spitze unserer Academica gedruckt erscheint. Er trägt ganz privaten Charakter und war von Cicero offenbar nicht zur Publication als Praefatio zu den Academica bestimmt. Man lese auch die Epistel des Plinius an Vespasian, welche der Verfasser als praefatio seiner naturalis historia vorausschickt. Einen gewissen Ersatz hierfür bieten bei Quintilian die Proömien (vgl. bes. das erste und das sechste).

Inhalt.